AF495774

LA

GUERRE CONTEMPORAINE

ET

LE SERVICE DE SANTÉ DES ARMÉES.

Principales publications de l'auteur qui se trouvent chez le même éditeur :

LEÇONS CLINIQUES du professeur Baudens sur les plaies par armes à feu et autres affections communes chez les militaires, recueillies au Val-de-Grâce en 1847-48.

CODE DES OFFICIERS DE SANTÉ DE L'ARMÉE DE TERRE, ou Traité de droit administratif, d'hygiène et de médecine légale militaires ; complété des institutions qui régissent le service de santé des armées, 1863. — 1 vol. in-8° compacte de 1050 pages.

CODE SANITAIRE DU SOLDAT, ou Traité d'administration et d'hygiène militaires, 1863. — 1 vol. in-8° compacte de 550 pages.

RELATION MÉDICO-CHIRURGICALE DE L'EXPÉDITION DE COCHINCHINE EN 1861-62, 1865. — Brochure grand in-8° de 100 pages.

LE CHOLÉRA A MARSEILLE EN 1865 ; des causes essentielles qui ont présidé à son développement à l'état épidémique. — Brochure grand in-8° de 100 pages.

ÉTUDE STATISTIQUE DE LA SYPHILIS dans la garnison de Marseille, suivie de généralités sur la prostitution et sur la fréquence des maladies vénériennes dans la population de cette ville, et complétée des réformes à apporter dans le service de la police sanitaire, 1866. — Brochure in-8° de 44 pages.

HISTOIRE STATISTIQUE DU CORPS DE SANTÉ MILITAIRE EN FRANCE, DE 1846 A 1865. Organisations successives. Effectif des cadres, vacances et radiations, nominations et promotions dans la hiérarchie et dans l'ordre de la Légion d'honneur. Données générales qui pourraient servir de bases aux progrès de l'institution, 1866. — Brochure in-8° de 52 pages.

RAPPORTS SUR L'ORIGINE DU CHOLÉRA A MARSEILLE EN 1865, avec des notes complémentaires et des aperçus généraux sur la pathogénie de cette maladie, travail fait en collaboration avec M. le professeur Ch. Guès, 1866. — Brochure grand in-8° de 72 pages.

ÉTUDE NOUVELLE DU CHOLÉRA, historique, dynamique, prophylactique, 1866. — Brochure grand in-8° de 68 pages.

LA
GUERRE CONTEMPORAINE

ET

LE SERVICE DE SANTÉ DES ARMÉES

NÉCESSITÉ D'AUGMENTER LA PUISSANCE DES MOYENS

DE CONSERVATION ET DE SECOURS

Par M. P-.A. DIDIOT,

Médecin principal de l'armée,
Ancien chef du service de santé au corps expéditionnaire en Cochinchine ;
Membre titulaire de la Société d'anthropologie de Paris,
Correspondant de la Société médicale d'émulation, des Sociétés de médecine
et médico-chirurgicale des hôpitaux de Bordeaux,
Membre actif de la Société de statistique de Marseille, etc., etc.

> « Je n'ai pas seulement fait mes efforts pour imprimer à l'ensemble du service qui m'était confié ce *caractère d'unité essentiel a l'état sanitaire d'une armée*, j'ai cru aussi du devoir de ma position auprès de S. M. l'Empereur, d'appeler toute sa sollicitude sur la situation du corps des officiers de santé militaire, dont le recrutement devient de plus en plus difficile, et dont les besoins trop réels, les vœux si légitimes attendent une organisation nouvelle et un avenir meilleur. »
>
> (Baron H. LARREY, *Rapport sur le camp de Châlons en* 1857.)

PARIS

LIBRAIRIE DE LA MÉDECINE, DE LA CHIRURGIE ET DE LA PHARMACIE MILITAIRES

VICTOR ROZIER, ÉDITEUR,

RUE CHILDEBERT, 11,

Près la place Saint-Germain-des-Prés.

E. CAMOIN, LIBRAIRE,

Rue Cannebière, 1, à Marseille.

1866

A Monsieur le baron **H. LARREY**,

Chirurgien ordinaire de S. M. l'Empereur Napoléon III,

Inspecteur du service de santé militaire, Membre du Conseil de santé des armées,

Membre de l'Académie impériale de médecine, de la Société impériale de chirurgie, etc., etc.,

Commandeur de l'ordre de la Légion d'honneur, etc., etc., etc.

Monsieur le Baron,

Permettez-moi de placer votre nom en tête de ce travail, comme un faible témoignage de ma profonde gratitude pour les conseils et les encouragements que vous n'avez cessé de m'adresser à l'occasion de mes publications précédentes.

C'est un résumé analytique et une critique comparative des principaux documents de l'histoire médicale des armées, pendant les grandes guerres contemporaines, qui présentent un ensemble de faits et de conséquences propres à susciter les méditations de tous ceux qu'animent les sentiments d'humanité qui honorent notre époque, et qu'intéressent toutes les questions relatives à l'adoucissement des souffrances de la guerre.

En empruntant à l'un de vos écrits l'expression des termes propres qui en forment l'épigraphe, je n'ai pas eu l'unique intention, pour affronter l'épreuve de la publicité, de me couvrir comme d'une égide de votre généreuse initiative touchant les réformes à accomplir dans le service de santé de l'armée ; j'ai voulu surtout rendre hommage au glorieux nom dont vous êtes le digne héritier, non-seulement par vos éminents services, mais aussi par votre haute position exceptionnelle comme par de nombreux titres académiques, et par tous vos actes qui témoignent à la fois de votre caractère élevé, de vos vertus et de votre ardent amour du bien.

Obéissant avant tout au mobile que j'ai puisé en dehors de la sphère où s'agitent les intérêts et les passions, je ne devais pas hésiter. Parmi les honorables chefs du corps de santé, c'est vers vous que se tournent avec espérance les regards de tous les médecins militaires, et à cette heure de réorganisation générale de l'armée, c'est avec juste raison, que, du crédit mérité dont vous jouissez auprès d'un puissant souverain, ils attendent la réalisation prochaine de leurs vœux toujours si légitimes.

Je ne pouvais donc mettre sous de meilleurs auspices une étude inspirée par le même sentiment que celui qui vous a rendu si populaire.

J'ose espérer, Monsieur le Baron, que vous daignerez agréer cet hommage, et je vous prie de vouloir bien recevoir l'assurance de ma plus vive reconnaissance et de mon entier et respectueux dévouement.

A. DIDIOT.

Marseille, le 20 octobre 1866,

LA GUERRE CONTEMPORAINE

ET

LE SERVICE DE SANTÉ DES ARMÉES

AVANT-PROPOS

La vérité a des droits imprescriptibles :
comme il est toujours temps de la découvrir,
il n'est jamais hors de saison de la défendre.

VOLTAIRE.

Lorsque, sans vouloir pénétrer au-delà du possible le jugement de l'histoire, l'on cherche par la simple observation scientifique des faits à apprécier l'esprit et les tendances de notre époque, l'on ne peut s'empêcher de reconnaître que le progrès est la grande préoccupation de toutes les intelligences, le mot d'espérance de tous les échos de l'humanité.

C'est que, à la vérité, il n'est pas dans l'homme de passion plus naturelle, plus légitime et plus générale à la fois que l'ambition du mieux. Mais, comme toujours ce sentiment de perfectibilité se retrouve dans les sociétés considérées en général, de même aussi, pour chaque institution en particulier, c'est un mouvement impérieux et puissant qui pousse à renoncer au culte systématique du passé pour marcher résolûment dans la voie des perfectionnements dictés par l'expérience.

Dans la succession souvent complexe et combinée de toutes réformes, nulle science ne saurait servir de guide plus sûr que la statistique, puisque c'est par elle surtout que l'on peut remonter aux causes, saisir le rapport de ces causes entre elles, et par là juger où doivent se porter les efforts de l'intelligence et de l'activité pour faire progresser à travers tous les obstacles : ces derniers ne résultant parfois que de fâcheuses impressions causées par les louanges respectueuses qu'on accorde volontiers aux commodes habitudes du *statu quo*, et qui se glissent comme d'immobiles adversaires au milieu du conflit d'idées et de doctrines divergentes.

Nous voudrions pouvoir démontrer complètement ici toute l'exactitude de cette vérité, en ce qui concerne l'institution du service de santé militaire (1); mais on n'en verra pas moins, dans la suite, quelles lumières et quels enseignements la statistique médicale des grandes guerres fournit à l'administration sanitaire des armées.

Chargé de faire, à la Société de statistique de Marseille, la *Revue analytique et comparative des Rapports relatifs à l'histoire médico-chirurgicale* des dernières grandes guerres de Crimée et de l'Amé-

---

(1) Voir notre *Histoire statistique du corps de santé militaire*, de 1846 à 1865. (Actes du Comité médical des Bouches-du-Rhône, t. VI page 91)

rique du nord, nous venions d'achever la lecture
de notre travail, lorsqu'un livre a été publié sur la
*Puissance militaire des Etats-Unis d'Amérique, d'après
la guerre de la sécession* (1861-1865), par un fonctionnaire de l'administration supérieure de l'armée (1).

On ne s'étonnera donc pas que, parmi les appréciations que l'auteur a faites de cette guerre, au
point de vue stratégique et administratif, celle de
l'organisation du service de santé occupe une large
place dans son ouvrage, et que les dispositions qui
en ont favorisé l'exécution s'y trouvent analysées
avec développement comme critiquées dans tous
leurs détails, pour en faire la comparaison au mode
d'administration sanitaire en usage dans l'armée
française. Mais les conclusions qui en sont tirées
nous paraissent si systématiquement contraires à
celles qui ressortent naturellement de l'étude im-
partiale des faits et des résultats obtenus, que nous
nous sommes décidé à faire précéder notre travail
d'une courte introduction pour les deux motifs
suivants.

Le premier, c'est de donner à nos lecteurs une
entrée plus facile dans le sujet du livre qui est particulièrement relatif à celui de l'analyse que nous
présentons ci-après. Ecrit pour des économistes
autant que pour des militaires et des administrateurs, sous l'inspiration d'un principe plus sédui-
sant en théorie qu'efficace dans la pratique, cet ouvrage porte en soi tous les caràctères de la person-

(1) M. Vigo Roussillon, Sous-Intendant militaire. In-8 de XIV,
470 pages. Paris, *septembre* 1866, chez J. Dumaine, éditeur.

nalité de l'auteur et du système qu'il cherche à faire prévaloir. Aussi, est-il possible de mettre en dehors des considérations générales qu'il renferme l'aperçu fondamental qui l'a déterminé, et d'en montrer toute l'importance et la gravité au point de vue des regrettables conséquences qui pourraient en découler.

En second lieu, nous avons désiré étendre les enseignements que peut fournir cette explication préliminaire, et y joindre, par une transition toute rationnelle, un complément indispensable pour tous ceux qui auraient le désir de s'enquérir davantage des notions propres à les instruire, sur la nécessité pour la France de profiter de l'expérience des autres peuples, pour perfectionner l'organisation administrative de son armée, et aborder hardiment la voie du progrès.

Pour entreprendre une telle tâche, il faut, sans doute, non-seulement connaître assez les langues étrangères, afin de suivre, au fur et à mesure des événements, tous les essais tentés et tous les perfectionnements réalisés, mais il importe, avant tout, de ne prendre pour base de ses appréciations que les résultats obtenus, comme de se dégager de tout esprit systématique, pour mieux en faire ressortir les conséquences pratiques et ne pas accréditer des erreurs fâcheuses.

Selon nous, c'est la seule façon de comprendre la haute mission de la science moderne, et pour peu que l'on ait le ferme dessein de voir les choses comme elles furent, et non point comme il aurait été convenable qu'elles eussent été pour flatter un préjugé et servir un système, il ne paraîtra pas inopportun de résumer ce que les travaux les plus complets nous apprennent exactement sur les éléments propres à la solution des plus importantes questions d'hygiène des armées et sur la direction à donner à l'activité de ceux dont le devoir est d'en faire l'application.

Dans une telle étude, où l'appréciation la plus réservée risque toujours de paraître trop hardie, même sans la moindre discussion, assez difficile à éviter en face d'une critique intéressée, nous avons été heureux de nous appuyer sur des documents revêtus du contrôle scientifique ou officiel, et l'on se convaincra en nous lisant que nous nous sommes toujours efforcé de conserver à nos interprétations les caractères des œuvres si scrupuleusement édifiées, pour l'histoire médico-chirurgicale des armées.

Avancer, comme l'écrit M. Vigo Roussillon, que le personnel si considérable des médecins de l'armée « n'a pu, malgré son zèle patriotique, réussir à assurer le service de l'armée, » et que le fait de l'assistance qu'ont prêtée les commissions sanitaires à l'administration médicale régulière « ne prouve pas trop en faveur de l'organisation américaine de la médecine militaire, » ce n'est point là, selon nous, le commentaire judicieux résultant d'une étude approfondie des faits. De même, on aura de la peine à croire que les dangers d'une responsabilité morale et pécuniaire soient plus sérieux pour des chefs médicaux en Amérique, que pour des chefs administratifs en France, et exposent les uns plus que les autres à perdre en considération ce qu'ils gagnent en importance par leurs attributions plus étendues (1). En quoi, par conséquent, les erreurs ou les fautes de quelques fonctionnaires inexpérimentés ou coupables même, seraient-elles de nature à faire considérer comme irrationnel tout un système de fonctionnement administratif et sanitaire ? Eh ! mais que l'on redresse les incapables que l'on condamne les concussionnaires, c'est dans la logique de toute bonne administration ! Qui pourrait méconnaître, en effet, la nécessité de soumettre

(1) Il nous importerait d'ailleurs, en ce qui concerne la condamnation du chirurgien-général Hammond, sur laquelle le livre s'appesantit trop complaisamment à notre avis, de posséder le dossier du procès, afin de savoir si le premier chef d'accusation porte *concussions au sujet d'objets destinés aux hôpitaux*. Nous n'avons pu trouver dans toutes les feuilles locales de l'époque (1), au nombre des charges auxquelles l'accusé avait à répondre, que celle *de désordre et négligence au préjudice du bon ordre et de la discipline militaire*.

« Tous les faits invoqués par l'accusation, dit M. Garnier (2), remontaient aux six premiers mois de son exercice, alors qu'il s'agissait d'organiser rapidement le service sanitaire, sans pouvoir s'astreindre à l'observation rigoureuse des règles d'ordre et d'économie indispensables en toute autre circonstance. C'est ainsi que, pendant ces six mois, aux 4,000 lits existant dans les hôpitaux lors de son entrée en fonctions, il en ajoutait 90,000 autres pour les besoins des malades et des blessés d'une armée de 800,000 hommes, en même temps qu'il organisait le service sanitaire partout, et répondait aux exigences des premières batailles si terribles de Bulls-Run, Antictam, etc. Comment agir avec l'examen, la précision, la prudence ordinaires, au milieu de ces événements fortuits ? Une telle administration est plutôt digne d'éloges que de reproches : le corps de santé militaire n'a pas à en rougir, son honneur est intact. Comme partout, il s'est montré à la

(1) Voir les numéros des six premiers mois de l'année 1864 des *Cincinnati Lancet and Observer, and Medical Times*.
(2) *Union médicale*, n° du 3 mai 1864.

à un contrôle sérieux et incessant tous les actes d'une administration, quel que soit le système adopté ? Et sans sortir de France, les officiers du corps de santé de la marine seraient-ils donc moins honorables parce qu'ils fonctionnent en dehors de toute action directrice du commissariat et parce que leurs attributions leur donnent une plus large part de responsabilité dans le service qui leur incombe ? A quels dangers, demanderons-nous, le système d'administration médicale de notre marine expose-t-il les directeurs du service de santé dans les ports, les chefs d'établissements hospita-

hauteur de sa tâche dans ces difficiles circonstances, et pour quelques actes répréhensibles, combien d'exemples nobles, dévoués, héroïques ! Aussi, ceux qui pour satisfaire leurs rancunes et leurs basses vengeances, ont tenté d'en ternir l'honneur dans la personne de son chef, en sont pour leur honte et la perte réelle pour le trésor public d'un million de francs consacré à cet effet. »

Il est vrai de dire qu'après de longues (pendant près de huit mois), de sévères et minutieuses investigations, pas un seul fait n'a pu être prouvé à la charge du Dr. Hammond, par la Cour martiale réunie exprès pour le juger, et qu'il fut d'abord acquitté complètement et honorablement ; mais le jugement rendu par la Cour aurait été intercepté pendant plusieurs mois par le Secrétaire de la guerre, qui aurait voulu écraser ainsi sa victime par un moyen quelconque, et qui y serait arrivé par esprit d'inimitié personnelle, en laissant planer le plus longtemps possible sur la tête de l'accusé, les charges les plus accablantes.

Il faut lire dans les feuilles locales, toute l'histoire de ce procès inique qui s'est terminé à la honte du caractère yankee par la condamnation d'un fonctionnaire éminent à tant de titres, et l'exposé que ce savant confrère a présenté, pour sa défense, sous le titre de : *A statement of the causes which led tho the dismissal of surgeon genèral W.-A. Hammond* ; et l'on se convaincra alors, sans peine, qu'il a été la victime de rancunes insatiables, de basses vengeances et de haines dissimulées (*clique intmical to him*), comme c'est l'opinion unanime du corps médical en Amérique.

liers à l'intérieur et aux colonies, les chefs de santé d'une armée navale, d'une escadre, etc., parce qu'ils exercent à la fois des fonctions médicales et des fonctions administratives, tout en laissant à des agents spéciaux les détails de l'administration ? En quoi ces derniers pourraient-ils compliquer davantage la mission des officiers médicaux de l'armée de terre, si on s'appliquait à leur donner l'autonomie qu'ils réclament et la responsabilité directe qui leur incombe pour un service où ils sont seuls spécialement compétents ?

Nous accorderons volontiers que le système sanitaire des Américains présente un grand nombre d'imperfections, comme, sans doute, toute leur organisation militaire et administrative. Les directeurs médicaux, d'ailleurs, n'ont jamais manqué de signaler dans leurs rapports au Chirurgien-général, l'urgence de remédier à certaines défectuosités du service (1). Toutefois, il ne faut pas perdre de vue, comme le dit d'ailleurs M. Vigo, « que le gouvernement s'est trouvé sous le coup de l'impérieuse nécessité de tout improviser à la fois, personnel, locaux, mobilier, médicaments, objets de pansements et matériel d'ambulance, » et tout cela pour pourvoir aux nécessités hospitalières d'une armée soudainement portée au chiffre de près de 700,000 hommes. Nous ne savons donc pas en quoi seraient bien plus graves en Amérique qu'en Europe,

---

(1) Voyez *Revue des médecins des armées*, tome VII, page 403, le Rapport du Dr. Swinburne, directeur médical des troupes de l'Etat de New-York.

les abus commis aussi bien par les généraux, les administrateurs et les membres du corps médical. Mais ce que nous pensons, c'est que bien des fautes, bien des erreurs ne peuvent, ne doivent même, être attribuées qu'à l'inexpérience d'hommes nouveaux en face d'institutions nouvelles.

Que si, en effet, en dehors même des documents officiels, l'on s'en rapporte seulement aux témoins oculaires, bien placés pour juger certains faits, et aux correspondances de journaux (1) reproduites dans le *Médical Times*, et dans la *Revue des médecins des armées*, et à la source desquelles M. le sous-intendant Vigo nous a paru n'avoir pas dédaigné de puiser pour plus d'une citation de son ouvrage quand elle était favorable à ses appréciations ; que si, disons-nous, on consulte l'opinion publique, on est bien obligé de reconnaître les immenses services rendus par le corps médical aux nombreuses armées de l'Union.

Il n'échappera à l'attention de personne, en lisant l'histoire de la guerre de la sécession que, militaires et médecins, ont su avec un même esprit pratique, deviner très promptement le meilleur emploi des divers éléments de la guerre, comme ceux de l'art de prévenir les maladies, et la vérité sera toujours, que c'est grâce au patriotisme éclairé et au dévouement de tous, autant qu'à l'initiative intelligente et à l'autorité de ses chefs, que le corps mé-

---

(1) Correspondance de M. John Ordronaux, et Rapport de la Commission sanitaire par son secrétaire, M. Olmsted. (*Revue des médecins des armées*,) tome VII, pages 195, 211.

dical a pu de suite, c'est-à-dire depuis le début de
la guerre, mettre à profit les enseignements de
toute sorte de la science sanitaire, fruits de l'expérience des dernières grandes guerres dans l'Inde et
en Crimée, dans leur application à tous les détails
de la vie militaire.

On ne pourra jamais, sans doute, contester que
les *associations volontaires* de secours, que la *commission* dite *sanitaire* n'aient contribué beaucoup
aux heureux résultats obtenus par les approvisionnements et les fournitures de toutes sortes, qu'elles
savaient si philanthropiquement mettre à la disposition de l'armée, en cherchant à prévoir ses
besoins pour des circonstances futures, en livrant,
pour ainsi dire, un combat incessant aux maladies
et à la misère du soldat, pour lui prêter secours,
aide et confort dans toutes les positions possibles;
mais il n'y aura point de *loyalisme*, comme disent
les Américains, et ils sont unanimes à le déclarer,
si l'on doute que le mérite de tous ces bienfaits ne
revienne surtout aux chefs spéciaux (directeurs et
inspecteurs médicaux) auxquels incombait la responsabilité de faire exécuter les mesures d'hygiène
et de police sanitaire dans les camps, qui accom-
plissaient avec l'autorité et l'initiative indispensables, par leur coopération incessante et active dans
les comités sanitaires, leur mission dévouée, trop
souvent entravée encore, hélas ! par la lenteur et la
froideur désespérantes de l'homme de bureau, par
un *non possumus* administratif.

« La raison du grand succès que nous obtenons,
dit un correspondant de New-York, en arrivant

toujours sur le champ de bataille au bon moment, au moment opportun et désiré, alors même que parfois nous ne sommes avertis du départ d'une expédition que peu d'heures à l'avance, — cette raison réside surtout dans ce fait, que tous nos agents sont des hommes intelligents, instruits, dirigés (superintended) par un médecin de grande expérience et qui sait faire face aux difficultés. — On n'a jamais vu d'aussi merveilleux résultats de l'hygiène pratique aux armées que ceux observés dans l'armée qui, pendant ces deux dernières années, a occupé la vallée de Mississipi. Non seulement elle a été maintenue dans un état sanitaire remarquable, mais lorsque, par suite des exigences du service, travaux pénibles, mauvais temps, encombrement, mauvaise alimentation, quelque maladie épidémique commençait à se montrer, alors des mesures hygiéniques convenables, adoptées sur l'heure, la réprimaient dès son principe. »

« Nos hôpitaux sont considérés avec justice, comme la gloire de notre nation. » (1).

Et si, comme nous en produisons l'évidente démonstration, d'après le rapport du chirurgien général J.-K. Barnes, ces heureux résultats ont été obtenus, c'est que les médecins avaient été établis fonctionnaires indépendants dans l'administration de leur service, comme ils le sont en Angleterre, en Russie, en Autriche, en Espagne, en Belgique, etc., et, en général, dans toutes les armées des autres grandes nations et même dans la marine française.

(1) *Revue des médecins des armées*, tome VII, page 560.

Leurs obligations, plus multipliées, auraient-elles eu pour conséquence, comme semble le supposer M. Vigo, d'amener les médecins américains « à abandonner l'art de guérir proprement dit, à négliger le traitement des blessés et des malades pour concentrer, entre leurs mains, les attributions dévolues dans l'armée de terre en France, aux sous-intendants, aux officiers d'administration des hôpitaux, et aux pharmaciens militaires ? » Qu'on se rassure ! Les documents officiels (1) relatifs à l'histoire médicale de la guerre de la rébellion, témoignent que les médecins américains ont su porter le respect de la science aussi haut que les règlements de l'administration militaire en France. Sans doute , « il n'est pas nécessaire de relever de trois Facultés littéraires ou scientifiques pour diriger des voitures, monter des tentes, faire la cuisine ou tenir des comptes ; » mais sans être entrepreneurs, pourvoyeurs, comptables même en matière administrative, les médecins en seraient-ils moins voués à leur mission spéciale, parce que leurs ordonnances seraient assurées par leurs commandements ? Est-ce donc « cesser la pratique de l'art, que de diriger les actes d'un grand service, que de faire des rapports, de la correspondance et de la statistique, que de donner des ordres de mouvement au personnel et au matériel, et parfois inspecter les hôpitaux. »

(1) Ce n'est pas sans surprise que nous avons remarqué qu'il n'y est même pas fait allusion dans le livre de M. Vigo Roussillon. Cependant leur publication date, en Amérique, du mois de novembre 1865, leur envoi en France, du mois de mars 1866, plus de cinq mois avant la publication de cet ouvrage.

Qui oserait, par exemple, songer à attaquer l'organisation des États-majors de l'artillerie et du génie de notre armée, parce que les directeurs et les chefs des services spéciaux qui leur incombent, abandonnent à leurs inférieurs les détails de leur art et à des agents subalternes les écritures relatives à leur comptabilité administrative? Un tel ordre de choses aurait-il jamais laissé craindre que l'extension des attributions dévolues aux chefs comme aux directeurs de nos armes savantes fût faite au prix d'une véritable déviation de leur mission normale, et leur a-t-il fourni souvent l'occasion « comme à ces médecins étrangers et ambitieux, de regretter qu'elle les ait mis aux prises avec les difficultés et la responsabilité de l'administration, avec les abus certains et les scandales possibles? »

Par analogie, donc, comme par logique, nous comprenons sans grande peine que les médecins soient à la fois administrateurs et praticiens de leur art, directeurs de leur service, en un mot. Et pourquoi, en effet, n'interviendraient-ils pas dans la construction des bâtiments hospitaliers? Pourquoi ne dirigeraient-ils pas dans les ambulances, comme dans les hôpitaux, le couchage, le chauffage, le blanchissage, la nourriture, la pharmacie et les transports? En résumé, pourquoi ne feraient-ils pas préparer et distribuer, sous leur responsabilité, tout ce qui est nécessaire au régime des malades? Réduire dans l'armée le rôle du médecin à celui d'un opérateur, d'un panseur, d'un simple guérisseur, auprès du blessé ou au chevet du malade, comme son intervention dans toutes les ques-

tions d'hygiène et de police sanitaires, à une simple
action consultative, ce n'est pas simplifier sa mission scientifique ni faire qu'il y consacre ainsi
toutes ses forces et tout son temps ; c'est, au contraire, qui oserait le contester? soustraire à son
action directrice la partie la plus importante de
l'art de guérir, l'application de l'hygiène médicale,
qui exige souvent des décisions pressantes, immédiates, non entravées, scrupuleusement exécutées,
et dont les éléments si spéciaux (logement, cubage
ventilation, chauffage, alimentation, vêtement),
devraient être non-seulement soumis à sa compétence consultative, mais encore être laissés à sa
libre disposition, comme les médicaments ou les
autres moyens d'action curative et thérapeutique,
pour en faire l'emploi le plus judicieux selon le
temps, le lieu, la circonstance.

Qu'est-ce qui domine les éléments étiologiques
de la pathologie des agglomérations militantes?
« C'est, dit l'éminent chef de l'Ecole du Val-de-
Grâce, M. Michel Lévy (1), la continuité des efforts
et des fatigues, c'est l'insuffisance fréquente de la
nourriture et du sommeil, c'est la nature des aliments, consistant le plus souvent en biscuit ou en
pain de munition mal fabriqués, en viandes salées,
très rarement en viandes fraîches de qualité très
inférieure, en légumes secs, quand ce n'est pas
exclusivement et journellement du riz; c'est la pri-
vation d'abris suffisants pendant la nuit ou le re-
chauffement au prix du méphitisme, dans des

____

(1) *Traité d'Hygiène*, tome II.

tentes hermétiquement fermées, car la tente s'infecte comme la chambre d'une caserne ou la salle d'un hospice ; ce sont les latrines des camps, les cimetières mal établis, la souillure des vêtements, les immondices de la peau; c'est l'excitation morale continue qui doit répondre aux épreuves de la guerre et maintenir le courage au niveau des situations sans cesse traversées par l'imprévu; ce sont, sous tous les climats, les contrastes diurnes et nocturnes de la température, la marche irrégulière des saisons, l'impression plus profonde des causes météorologiques sur des hommes affaiblis et parfois démoralisés. Dira-t-on que l'ensemble de ces conditions et de leurs effets constitue la fatalité de la vie des armées en campagne? Les mortalités formidables que l'histoire a enregistrées et que plus souvent encore elle passe sous silence, sont-elles l'inévitable tribut que les soldats ont à payer à la guerre? Ce langage est celui des administrateurs qui déclinent la responsabilité du lendemain, des chefs militaires qui s'absorbent dans la poursuite d'un résultat stratégique, des médecins oublieux ou inintelligents de leur propre mission. L'hygiène a un rôle immense aux armées en campagne; elle peut lutter contre les causes énergiques d'affaiblissement et de destruction, si elle est admise dans les conseils du commandement, si elle est munie d'initiative et d'autorité. Un changement de campement, une meilleure répartition des denrées, l'emploi de certaines ressources locales, des dispositions opportunes au début d'une épidémie, la dissémination et la séparation des contin-

gents infectés; de judicieux appels par la voie des
ordres du jour au concours des officiers et au bon
sens des soldats: une bonne organisation des hôpitaux et des ambulances, des évacuations et des
dépôts de convalescents, la disposition prompte et
sûre de tout le personnel appliqué au service de
santé: il n'a fallu, il ne faudra parfois que telle ou
telle de ces mesures pour prévenir, pour atténuer
ce désastre, et leur ensemble est le moyen certain
de réduire le déchet silencieux et journalier d'une
armée. Il n'y a d'utile, de puissant en campagne
que l'hygiène; sans elle, la médecine n'est qu'une
lugubre agitation; sans elle, le chirurgien voit
échouer toute son industrie de méthodes et de
procédés; sans elle, l'administration s'ingénie
vainement et les ressources qu'elle accumule n'em-
pêchent pas le développement des épidémies meurtrières. Qu'on lise l'histoire de la campagne
d'Egypte, si admirable par ses résultats sanitaires
dus à l'incessante intervention de Desgenettes et
de Larrey, toujours encouragée et bien accueillie
par un général en chef, qui avait nom Bonaparte!
Quel intérêt plus grand d'ailleurs que la conservation d'un effectif apte à combattre? Or, cette conservation des masses, ce problème de chaque jour
a sa solution de tous les jours dans les prévisions
lucides de l'hygiéniste, dans l'activité productive
de l'administration, dans la sagesse du chef militaire qui provoque ce double concours et s'inspire
de l'un pour diriger l'autre. »

Telles sont, sous le rapport hygiénique, les conditions diverses d'une armée en campagne. On ne

pourrait les dépeindre en pages plus éloquentes, ni signaler avec plus d'autorité et une expérience plus éclairée les moyens propres à les améliorer que ne l'a fait, sous l'impression des plus désastreux événements, le savant directeur médical de notre armée d'Orient.

Toutefois, la science conservatrice de l'homme de guerre, l'hygiène appliquée au maintien de la santé, à la prévention des maladies dans les armées, en temps de paix comme en temps de guerre, n'a été encore mise à profit jusqu'ici que d'une façon restreinte et trop souvent tardive. Et cependant, combien ne serait-il pas plus avantageux pour l'Etat comme pour les hommes de guerre, de faire tous ses efforts dès le début d'une campagne, de prendre toutes les précautions nécessaires pour empêcher l'invasion d'une épidémie meurtrière, possible à éviter ou du moins à atténuer considérablement? Mais c'est qu'alors, et il faut que l'armée, que le gouvernement le sachent bien, « il devient indispensable, pour que l'intervention réclamée de l'hygiène soit réellement efficace, qu'elle soit précoce, généralisée, incessante, obligatoire pour le médecin, imposée, autant que faire se peut, au chef d'un corps d'armée, il faut non-seulement l'œil et la main de fonctionnaires compétents, mais leur responsabilité directe, immédiate, servie par une part convenable d'initiative, de liberté d'action et de direction pour un certain ordre de choses et pour un véritable contrôle sur toute la matière de l'hygiène (1). »

Dans cette question importante de l'extension

_____

(1) Didiot. Code des officiers de santé militaires, page 869.

convenable de l'action médicale préventive sur
l'armée, l'Angleterre a devancé les autres nations
en instituant à la suite de ses armées des médecins
spéciaux, sous le titre de conseillers sanitaires, et
qui ont pour mission exclusive de surveiller l'application des règles de l'hygiène dans toutes les
circonstances où peuvent se trouver les armées en
campagne. Investis à la fois d'initiave, d'autorité
et de responsabilité, ces médecins sanitaires ont
fonctionné à l'armée expéditionnaire en Chine, dès
1859, et avec les résultats les plus satisfaisants pour
toutes les dispositions à prendre relativement à
l'hygiène de l'armée et des camps. Lord Herbert,
en proposant à la chambre des Lords des remercîments à l'armée de Chine, a parlé du service médical et de l'introduction de ce nouveau système de
médecine préventive dans les termes les plus favorables *(Medical Times, du 22 février 1861)*.

C'est à une institution analogue que se rattache le
rôle important soit des inspecteurs auxiliaires de
la Commission sanitaire, soit des inspecteurs ré-
guliers du gouvernement pendant la guerre de la
sécession en Amérique.

Tout en faisant la part de la spontanéité qui en
revient aux hygiénistes américains, on doit avec la
même justice reconnaître que la suggestion de ce
système comme de la plupart des autres mesures
diverses qui ont produit les résultats les plus heureux, est partie d'Europe. Mais il n'en reste pas
moins très digne de remarque que, dans la situation
précaire où les armées de l'Union se trouvaient au
début de la lutte, et qui aurait pu, sans contrôle sa-

nitaire, dégénérer en calamité publique, les médecins ont su s'inspirer des enseignements des dernières grandes guerres dans l'Inde, en Crimée et en Italie, et faire une judicieuse application de toutes les précieuses observations, de tous les documents scientifiques recueillis par les Anglais et les Français, qui sont consignés dans les rapports ou ouvrages de la *Britisch Sanitary Commission* et des médecins inspecteurs Scrive, Baudens, Maillot, Lévy, B⁰ⁿ H. Larrey et Cazalas. « Nos hygiénistes français, comme le dit avec raison M. le médecin principal Legouest, ont fourni plus d'une idée, plus d'une occasion à l'initiative américaine, et il ne leur a manqué pour la devancer dans des circonstances plus ou moins analogues qu'un milieu plus favorable à leur propre action, à l'autonomie du service médical (1) ».

Ainsi donc, en nous résumant, quand on pénètre dans cette économie des preuves de la révélation statistique ; — si l'on tient grand compte en fait de conservation et de guérison, d'humanité par conséquent et d'économie bien entendue, de la grande expérience des dernières guerres ; — si l'on veut remarquer que dans toutes les autres armées des grandes nations et dans la marine française, le service de santé a des chefs qui le dirigent et l'administrent sous l'autorité directe, immédiate du Ministre compétent, et que leurs institutions sa-

____

(1) Le service de santé des armées américaines pendant la guerre des Etats-Unis. (*Annales d'hygiène publique et de médecine légale*, 2ᵐᵉ série, tome XXV, page 274.)

nitaires sont le résultat de l'expérience faite et de comparaisons approfondies ; — si l'on prend en considération non-seulement ces aspirations traditionnelles du corps de santé de l'armée à une constitution qui lui rende la part de direction qu'il a eue à diverses époques et dans plusieurs circonstances sur son personnel et sur son matériel, mais encore son appauvrissement numérique et les difficultés de son recrutement ; — si l'on réfléchit aussi que c'est au grand préjudice de l'armée (des hommes en santé et en maladie), que le fonctionnement et l'action des médecins militaires sont établis dans des conditions anormales de discipline et de hiérarchie, qu'une telle situation les froisse, crée un antagonisme permanent entre les agents administratifs et les médecins, quand elle ne produit pas des conflits regrettables avec une autorité dont les ordres ne peuvent s'appuyer d'une compétence éclairée ; — si enfin l'on reconnaît, d'après les principes de la vraie science économique, que les exigences de la guerre contemporaine ne sont plus du tout celles de l'ancienne guerre, que tous les moyens de l'action conservatrice doivent être augmentés bien au-delà de ce qui est de tradition, que la force des événements a fait, dans les armées modernes, des éléments de l'art de guérir, pris dans sa plus large acception, des éléments essentiels et du médecin, à qui en appartient naturellement le domaine, un organe fondamental, un agent de conservation ; — à tous ces titres, le service de santé, en raison de sa spécialité, de sa responsabilité, du but qu'il doit atteindre avant tout (la conservation de l'homme de guerre) doit être dirigé et administré par ses chefs directs aussi bien en ce qui concerne le personnel que le matériel, et de nouveaux rapports doivent conséquemment être établis entre ces derniers et le corps du contrôle qui en a la direction.

« En élevant les hommes et en leur confiant la garde de leur honneur, on peut être certain qu'ils feront tous leurs efforts pour justifier ces prérogatives précieuses et pour mériter davantage encore l'estime et la considération de leurs concitoyens (1). »

Par la force des choses, la réparation que nous entrevoyons doit s'accomplir. Il y a une heure, un point de maturité dans la vie pour chaque chose, et du moment où un juste équilibre imposera cette transformation, ce sera tout à la fois, dirons-nous avec M. le médecin principal Garreau, « un progrès d'organisation, d'humanité, de puissance des armées et d'économie pratique (2). »

Tous les jours, on acclame des innovations savantes, terribles, qui s'ingénient à semer plus rapidement la mort sur les champs de bataille par la création de nouveaux engins plus meurtriers. Combien à plus juste titre la nation et l'armée n'accueilleraient-elles pas, avec plus de patriotisme, les réformes bienfaisantes, nécessaires, qui s'appliqueraient à asseoir sur une base plus scientifique

(1) Begin. — Etudes sur le service de santé militaire en France.

(2) Du service de santé de l'armée et de l'organisation qu'il réclame (*Spectateur Militaire*, 15 *juin* 1865).

les prévisions médicales et administratives, comme avec la plus large économie bien entendue le système qui sauverait le plus grand nombre d'existences, en prévenant non-seulement les épidémies, mais en arrachant à la mort ceux que la maladie ou le fer vient à frapper.

Ce serait s'abuser soi-même que d'en méconnaître l'importance et de désespérer. Espérons donc!

La partie de notre démonstration qui nous reste à présenter est traitée avec assez de développement, de manière à satisfaire toutes les exigences. Nous n'aurons donc pas besoin de nous appesantir sur les arguments de détail.

Au sortir de ce travail, et, tout pénétré encore du sentiment qu'il a éveillé en nous, nous souhaitons que notre rapide analyse des plus précieux documents que l'histoire médicale des armées a enregistrés jusqu'à nos jours, inspire à tous les hommes compétents, savants, économistes et philanthropes, un vif intérêt pour les questions qu'ils soulèvent, et les convie à leur étude approfondie ainsi qu'à l'examen des enseignements qu'ils fournissent pour la mise en œuvre des moyens pratiques dans les guerres futures.

Nous ne saurions dire combien ces grands patriotes, ces administrateurs charitables, ces zélés et dévoués médecins, tels MM. Dunant, de Genève, Dr Chenu, du Val-de-Grâce, Révérend Henry W. Bellows, de Washington, Miss Nichtingale, de Londres et Miss D. L. Dix, de New-York, etc., sont méritants de leur patrie et de l'humanité entière, ni quelle récompense leur est destinée. Avec notre distingué collaborateur, le Dr Léon Renard, nous ne pouvons que leur répéter les paroles d'espérance qu'adressait à leurs semblables le grand orateur romain : *Homines ad Deos nullâ re propriùs accedunt, quam salutem hominibus dando* (1).

Marseille, 10 octobre 1866.

(1) *Revue des médecins des armées*, tome 7, page 451

STATISTIQUE MÉDICALE COMPARATIVE

DES

GRANDES GUERRES CONTEMPORAINES.

> « La présence du médecin dans les conseils du commandement ou au rapport des officiers généraux chefs de corps d'armée et de divisions, aurait l'avantage de donner au service de santé *l'unité de direction* qui lui manque, spécialement en campagne, et qui présente cependant une intervention bien naturelle dans l'intérêt sanitaire des troupes. » (Baron H. Larrey, *op. cit.*)

Extrait du *Répertoire des Travaux de la Société de Statistique de Marseille*. (Tome XXX⁰ année 1866).

STATISTIQUE MÉDICALE COMPARATIVE

DES ARMÉES ALLIÉES

PENDANT LA CAMPAGNE D'ORIENT (1854-56)

ET DE CELLES

DE L'UNION AMÉRICAINE

PENDANT LA GUERRE DE LA SÉCESSION (1861-65)

« En temps de guerre, le gaspillage des vies humaines et la destruction des santés et du bien-être ont été et doivent être bien plus attribués aux maladies qu'aux batailles. Une histoire fidèle de toutes les guerres serait l'histoire de maladies, de morts et de souffrances qu'il eût été facile de prévenir (1). »

C'est dans ces paroles, navrantes de vérité, de la si célèbre miss Florence Nightingale, que peuvent se résumer les remarques faites à toutes les époques de l'histoire, qu'en dehors des effets directs du combat, des luttes plus ou moins meurtrières, il y a des fléaux destructeurs qui s'attachent auxflancs des armées les mieux approvisionnées de munitions de guerre, et qu'elles sont fréquemment prises au dépourvu par des avalanches épidémiques qu'il ne serait point impossible de prévenir et dont la gravité pourrait être modérée par des mesures d'ordre général, et une organisation mieux entendue de l'administration sanitaire.

---

(1) MISS NIGHTINGALE. — *Notes on Hospitals and on Nursing.*

Nous avons précisément sous les yeux deux rapports officiels qui renferment des documents statistiques suffisant pour faire tout à la fois parfaitement ressortir ce qu'il y a de déplorable et de vrai dans cette appréciation des horreurs inséparables de l'état de guerre, et complètement édifier sur les résultats de la bonne appropriation des ressources médicales et administratives, comme sur les conséquences de l'insuffisance du service de santé en campagne.

L'un de ces ouvrages a valu le prix Monthyon à son auteur, M. le Dr Chenu, médecin principal de l'armée (1). C'est un volumineux travail, aux proportions magistrales, véritable monument de statistique historique, médicale et administrative, qui comprend : 1° l'exposition sommaire et mensuelle des évènements de la campagne d'Orient, envisagés dans leur rapport direct avec l'objet propre des études de l'auteur; 2° la statistique proprement dite, pour les armées alliées, française, anglaise, piémontaise, à l'exception de l'armée turque, qui n'est pas organisée de manière à fournir les documents indispensables; 3° des conclusions basées sur des faits et suivies de considérations variées et de vues d'application.

L'autre, sort des bureaux du major-général Joseph K. Barnes, chirurgien-général de l'armée des États-Unis (2). Il comprend, sous la forme d'une circulaire aux officiers du corps médical, à la tête duquel il est placé, deux rapports

(1) *Rapport au Conseil de Santé des armées sur les résultats du service médico-chirurgical aux ambulances de Crimée et aux hôpitaux français en Turquie, pendant la campagne d'Orient, en* 1854, 1855, 1856; in-4° de 732 pages. Paris, V. Masson et J. Dumaine, éditeurs.

(2) Surgeon general's office (circular n° 6). *Reports on the extent and nature of the materials available for the preparation of a medical and surgical history of the rebellion.* Washington, november 1865. In 4° de 166 pages.

très étendus des chirurgiens lieutenant-colonel George A. Otis, pour la partie chirurgicale, et major J.-J. Woodward, pour la partie médicale; mais ce n'est encore, pour ainsi dire, que le programme des nombreux et importants documents destinés à être coordonnés pour retracer l'histoire médico-chirurgicale de la guerre de la sécession, pendant une période de près de quatre années de 1861 à 1865. Tous les matériaux de ce travail grandiose sont contrôlés, analysés et classés sous la direction des auteurs des rapports, et on peut juger, par le grand soin avec lequel leur dépouillement est fait, qu'ils promettent de doter la science des acquisitions de la plus grande valeur. Ils renferment non-seulement des tableaux statistiques dont les chiffres sont de nature à frapper l'imagination, et la relation des blessures et des maladies observées pendant la campagne, comme des opérations auxquelles elles ont donné lieu et des complications diverses qui les ont suivies, mais encore la description et les dessins d'un grand nombre de pièces pathologiques, des planches photographiques qui reproduisent ingénieusement des résultats chirurgicaux les plus rares, les specimens des divers moyens de transport des blessés pour rendre saisissables les perfectionnements qui y ont été apportés ; enfin, des détails sur le mode de construction et d'administration des établissements hospitaliers ainsi que sur l'organisation générale du service de santé.

Après cette introduction succincte et trop incomplète assurément pour bien faire comprendre toute l'importance de telles publications, abordons maintenant l'étude des données statistiques qui servent de base aux considérations sommaires qu'elles comprennent sur les principales maladies qui sévissent aux armées, et sur les moyens les plus rationnels de prévenir les mêmes malheurs dans les guerres futures.

PREMIÈRE PARTIE.

Statistique médico-chirurgicale de la campagne d'Orient (du 31 mars 1854, occupation de Gallipoli, au 6 juillet 1856, évacuation de la Crimée).

Statistique médico-chirurgicale de la guerre de Crimée.

> « Des armées ont péri par l'épée, des armées ont été
> englouties par les éléments : mais jamais peut-être, depuis
> que la main du Seigneur s'appesantit sur l'armée des
> Philistins et la détruisit en une nuit, jamais une perte
> par maladie, telle que la nôtre dans cette dernière guerre
> n'a été rapportée. » (*Rapport du colonel Tulloch sur les
> pertes de l'armée anglaise pendant la période du 1er oc-
> tobre 1854 jusqu'au 30 avril 1855.*)

A l'exemple de l'auteur du *Rapport au Conseil de
santé*, nous rappellerons d'abord très sommairement les
faits principaux de la campagne, les divers mouvements et
situations de l'armée. « Ce journal permettra de reconnaître les causes nombreuses des maladies du soldat en
campagne, d'apprécier l'importance de ces causes, de suivre
pas à pas les diverses phases des épidémies, de se rendre
compte des proportions des malades et des tués et blessés
par rapport à l'effectif ; questions intéressantes èt qui sont
presque toujours le sujet d'exagérations singulières (1). »

Les deux tableaux suivants, que nous avons établis d'a-
près les 41 premiers tableaux de M. Chenu aideront aussi,
d'ailleurs, à se faire rapidement une idée des mouvements
de l'armée et de ses nombreux établissements hospitaliers.

(1) Chenu, *opere citato* page 12.

Exposition sommaire des faits principaux
de la campagne.

C'est du 31 mars au 15 avril que les premières troupes françaises et anglaises débarquèrent à Gallipoli. Comme toutes les villes turques, cette ville est sale, mal bâtie, ses rues sont étroites, tortueuses, immondes. A leur arrivée, les troupes furent employées à l'assainissement de la ville et du port, à des travaux de terrassement et de défense en avant. La saison était douce, très froide par moments, très changeante, et cependant, sur un effectif moyen de 10,000 hommes pendant le mois, il n'entre que 430 malades dans les hôpitaux, et l'on n'y compte que 4 morts, 1 ou moins de 1 pour 100 (1). « C'est que aussi longtemps, dirons-nous avec un autre savant médecin principal de l'armée, M. Garreau, que les privations, les fatigues, les émanations délétères n'ont pas appauvri, altéré le sang, et par suite attaqué les forces radicales de l'organisme humain, le soldat résiste admirablement aux intempéries des saisons (2). »

Dans le mois de mai, sur un effectif moyen de 30,000 hommes, on n'enregistrait que 2,278 malades dont 334 vénériens et 17 morts ; les maladies les plus communes sont la bronchite, la pneumonie, la fièvre typhoïde, et les fièvres intermittentes (3).

Dans le mois de juin, l'influence paludéenne se dessine plus complètement même chez les matelots de la flotte, qui a offert 62 varioleux. On constate quelques cas de choléra. Sur un effectif moyen de 40,000 hommes, il entre aux hôpitaux 1,708 malades, dont 460 blessés et vénériens et 8 cholériques, et on enregistre 18 décès (4).

---

(1) CHENU. *op. cit.* Mouvement des hôpitaux, page 15,

(2) *Du service de santé de l'armée et de l'organisation qu'il réclame.* (Spectateur militaire, juin 1865.)

(3) CHENU, *op. cit.* page 18. — (4) *Id.* page 20.

Mais, à partir du mois de juillet, l'armée eut à subir sa première et grande épreuve, sa première étape de misères si affreuses, supportées avec tant de résignation ; nous voulons parler du choléra qui avait déjà fait quelques victimes sur divers points de l'armée et dont le départ pour l'expédition de la Dobruscha (le 21 juillet) semble avoir donné le signal à son développement épidémique, sous l'influence d'une chaleur accablante de 30 à 33 degrés et d'un violent orage (le 23), et du campement au voisinage de marais pestilentiels. L'invasion du fléau atteint les proportions effrayantes de 7,156 cas, dont 4,841 décès dans toute l'armée d'un effectif moyen de 55,000 hommes, pour le mois de juillet, dont le mouvement général des hôpitaux comprend 8,239 entrées et 5,030 morts. (1).

Il faut lire le tableau qui a été fait de cette désastreuse expédition par M. de Bazancourt (2) et par ses historiens médicaux MM. Scrive, Cazalas, Quesnoy etc., (3) pour comprendre toute l'étendue des souffrances et des cruelles épreuves auxquelles l'armée a été soumise en présence de ce terrible agent de destruction qui la menaçait d'un anéantissement total, lorsque des mesures sanitaires, merveilles d'à propos et d'efficacité dictées au commandement et à l'administration par l'inspecteur-directeur M. Michel Levy et par le médecin en chef M. Scrive, vinrent en atténuer les effets. Du 18 juillet au 18 août, 11 médecins sont morts frappés eux-mêmes par le fléau ; 11,282 malades sont entrés aux hôpitaux ou dans les ambulances sous tentes, et 8,045 y ont laissé la vie.

Le 25 août eurent lieu les dernières dispositions pour l'expédition de Crimée, qui fut annoncée par une proclama-

(1) Chenu, *op. cit.* Mouvement des hôpitaux, page 31.
(2) *Histoire de la guerre d'Orient.*
(3) *Relation médico-chirurgicale de la campagne d'Orient, et Recueil des Mémoires de médecine militaire*, 2ᵉ série, tomes XV et XX.

tion mémorable du maréchal de Saint-Arnaud. Les troupes, embarquées à Varna au commencement de septembre, débarquèrent le 13 à Eupatoria, et à peine furent-elles rejointes par les troupes anglaises et turques, qu'eut lieu la bataille de l'Alma (le 20 septembre) dans laquelle se mesurèrent deux armées à peu près égales en nombre, 58,808 hommes du côté des alliés, et 60,000 hommes du côté des Russes.

A la suite de ce grand combat où il y eut au total, dans les diverses armées, 2,296 tués, 5,640 blessés, et 1,011 disparus ou prisonniers, les ambulances françaises eurent à panser 1,494 blessés dont 1,197 français et 297 russes. Le personnel médical ne se composait que de 30 médecins, dont 14 jeunes aides-major sans expérience, de telle sorte que chacun a eu plus de 50 blessés à soigner en moyenne. 79 amputations ont été pratiquées, et l'embarquement des blessés a eu lieu le lendemain pour Constantinople.

Cependant, le choléra, qui avait presque complétement disparu depuis le débarquement en Crimée, continuait à signaler encore son influence parmi les troupes. Le maréchal de Saint-Arnaud en fut atteint le 26, et mourut en mer le 29.

Le mouvement des ambulances françaises en Crimée, pendant le mois de septembre, pour un effectif de 30,000 hommes, comprend 2,046 malades, dont 1,197 blessés, 491 fiévreux et 376 cholériques, et 256 morts. On constate le développement du scorbut sur la flotte, qui compte plus de 500 cas de cette affection (1).

Avec le mois d'octobre commencent les travaux du siége de Sébastopol. Ce fut pour l'armée une phase de souffrances, de travaux considérables et de dangers incessants, avec des alternatives de luttes désespérées. Le service des tranchées

(1) CHENU, *op. cit.*, page 48.

et des batteries, quel que fût le temps, exigeait une veille continuelle et des précautions de chaque instant pour ne pas être vu par l'ennemi. Ce service, pendant les nuits froides, alors que les tranchées étaient remplies de neige et d'eau, ou lorsque le thermomètre marquait 7 ou 8 degrés au-dessous de zéro ou plus encore, comme cela s'est si subitement reproduit pendant la durée du siège, donnait aux ambulances beaucoup de malades et de congelés. La plupart des malades présentaient une prostration extraordinaire, état dépendant probablement d'une alimentation qui laissait beaucoup à désirer, et des influences du scorbut, qui continuait ses ravages dans la flotte. On signalait beaucoup de diarrhées, de dyssenteries, et des cas de choléra à forme lente et à terminaison typhoïde. Pour un effectif moyen de 45,000 hommes, il est entré aux ambulances 4,747 malades, y compris 1288 blessés dans les diverses reconnaissances et dans les travaux de tranchées (1).

Le 5 novembre eut lieu la bataille d'Inkermann, qui est plutôt, dit M. Chenu, une tuerie qu'un combat; les pertes furent cruelles de part et d'autre, mais plus considérables du côté des Russes; elles s'élèvent tant en blessés qu'en tués, à 2,815 pour l'armée anglaise, 1,850 pour l'armée française, et pas moins de 15,468 pour l'armée russe. Les ambulances françaises eurent à pratiquer 159 opérations importantes (résections et amputations). Et au total, sur un effectif moyen de 56,000 hommes, il y est entré, pendant le mois de novembre, 8,990 malades, dont 2,015 blessés, 3,043 cholériques, 371 congelés, et il y est mort 659 hommes. La flotte comptait plus de 1,000 scorbutiques (2).

A partir de décembre, les mauvais temps de l'hiver accrurent ces calamités : vents, pluies torrentielles, neige.

(1) CHENU, *opere cit.*, page 58.
(2) Id., id. pages 63 et 69.

Vers la fin de ce mois, le sol des camps était tellement détrempé, qu'il formait une vase épaisse qui rendait la circulation et les communications très difficiles. Le service des tranchées, où les hommes avaient les pieds dans l'eau glacée, fournit de nombreux malades. On comptait un douzième de l'effectif aux hôpitaux, aux ambulances, et aux infirmeries régimentaires.

L'armée anglaise eut beaucoup à souffrir ; les communications avec Balaclava furent rendues presque impossibles à cause de l'état du sol. Tout lui manquait à la fois, vivres, munitions, moyens de transport. Le général en chef français lui prêta assistance pour le transport des malades qui étaient encore proportionnellement plus nombreux que dans l'armée française. Son effectif valide était très-restreint: on comptait presque autant de malades que de combattants, et elle faisait des pertes considérables par la dyssenterie et le scorbut.

L'armée russe était aussi éprouvée par les mêmes causes, malgré les approvisionnements de la place. Le ravitaillement par Symphéropol présentait les plus grandes difficultés.

Le printemps n'apporta pas de répit à ces souffrances ; il ne fit qu'en changer la nature. L'été y mit le comble, et le typhus, dont on avait signalé déjà quelques cas en novembre, fit encore plus de ravages que les intempéries d'un hiver rigoureux. La moyenne par mois des malades entrés aux ambulances françaises est de 5 à 6000 ; il y en eut 6,432 en décembre, 9,259 en janvier, 8,298 en février, 7,737 en mars, 6,323 en avril, 8,732 en mai, 24,475 en juin (y compris 4,762 cholériques, et 8,089 blessés de l'attaque du Mamelon-Vert, le 7 juin, et de l'assaut de Malakoff, le 18 juin).

En juillet et en août, le mouvement n'est pas moindre de 13,000, sans compter les blessés ; et quant aux pertes, elles furent très considérables, tant par les maladies, le choléra, la dyssenterie et le scorbut que par le feu de l'ennemi.

Enfin, arrive le 8 septembre, jour où fut donné l'assaut suprême de Malakoff, qui assura la prise de Sébastopol. Les pertes de l'armée française, tués, blessés ou disparus dans cette journée s'élèvent à 7,563 hommes ; celles des Anglais, à 2,471, des Piémontais, à 40, et des Russes, à 11,737, ce qui fait au total 21,802. 42 médecins ont eu à soigner 3,360 blessés pendant cette mémorable journée ; et la nuit, comme le lendemain, les ambulances reçurent encore le reste des blessés ainsi que plus de 400 Russes. D'après le rapport du médecin en chef, il a été fait près de 500 opérations immédiates, dont 140 graves ou importantes (1).

A la suite de la prise de Sébastopol, il y avait en traitement dans les ambulances, 10,520 malades ou blessés, et pour faire le service, il n'y avait pas 80 médecins, même en comptant 5 médecins détachés de la flotte. Il faut ajouter à cette situation la rareté des évacuations sur Constantinople, la plupart des bâtiments étant activement employés. Aussi, l'encombrement détermina le développement de la pourriture d'hôpital dans presque toutes les ambulances (2).

Les évacuations, d'ailleurs, se sont faites presque toujours de la manière la plus défectueuse, et quand on lit les rapports du médecin en chef de la flotte, M. Marroin, comme ceux du médecin en chef de l'armée, M. Scrive, les conditions déplorables dans lesquelles elles s'effectuaient, il ne faut pas s'étonner si les résultats chirurgicaux ont été peu satisfaisants. Sur les bâtiments où les blessés et les opérés étaient embarqués, trop souvent il n'y avait point de médecins, pas de provisions autres que celles du bord; en

(1) Chenu, *op. cit.*, page 114.
(2) Scrive, *op. cit.*, page 232.

un mot, aucune des ressources de première nécessité pour un service si important. Des hémorrhagies foudroyantes enlevèrent beaucoup de blessés et d'amputés, sans parler des complications toujours graves qui se présentaient sous l'influence des intempéries, de l'encombrement et de l'absence de soins ; et puis, à l'encombrement des navires, succédait celui des hôpitaux, où les entrants prenaient les lits encore chauds des sortants et des morts, et ne quittaient un foyer d'infection que pour en affronter un autre (1).

Ce n'est pas tout encore, une dernière et terrible épreuve était réservée à l'armée: le développement épidémique du scorbut, qui, concurremment avec le typhus prit des proportions effrayantes pendant l'hiver de 1855-56. Les médecins des ambulances et des régiments succombaient à la peine ; 39 sont morts pendant les trois mois de février, mars et avril.

Etat récapitulatif par genre d'affections des cas de maladie et de décès aux ambulances de Crimée et aux hôpitaux de Constantinople.

GENRE DE MALADIES.	CAS.	DÉCÈS.	OBSERVATIONS.
Blessures ordinaires	5717	673 [1]	[1] Complication de typhus
Id. par fait de guerre (1).	39868	9444 [2]	[2] Dont 5085 après l'évacuation de Crimée sur les hôpitaux de Constantinople.
Congélations...............	5290	1178	
Choléra	22680	12467	[3] Dont 12265 de fièvre remittente.
Scorbut...................	23365	4019	
Typhus	16013	9465	[4] Dont 1795 par suite de fièvre remittente.
Fiévreux divers............	117286 [3]	23973 [4]	[5] Par complication.
Divers (vénériens et galeux)..	5463	26 [5]	

(1) Du 20 septembre 1854 (bataille de l'Alma) jusqu'à la fin des hostilités, on a compté 39,868 blessures de guerre ou accidentelles, par fait de guerre, 8,250 tués, et 2,708 disparus ou prisonniers.

(1) Chenu, *op. cit.*, page 623.

Enfin, d'une part la paix signée le 2 avril, qui vint mettre un terme aux misères de l'armée, et de l'autre, le retour du beau temps, qui permit le changement des campements que la persistance d'une saison rigoureuse avait rendu impossible, et l'abandon des abris infectés de l'hiver, les mesures générales d'hygiène qui furent appliquées avec un redoublement de zèle et d'activité, sous l'impulsion du médecin en chef Scrive et d'après les conseils de l'inspecteur Baudens, enfin les départs successifs de l'armée pour retourner en France, toutes ces conditions contribuèrent à compléter l'amélioration sanitaire que la cessation de toute influence épidémique avait commencée.

On a pu juger, par cette rapide esquisse de l'histoire de la campagne, quel intérêt palpitant s'attache à cette consciencieuse chronologie, qui dans l'œuvre de M. Chenu ne comprend pas moins de 116 pages in-4°.

Ses considérations s'étendent ensuite sur les proportions approximatives des projectiles employés et des hommes tués ou blessés pendant la campagne (1).

Le savant statisticien prend pour base de ses appréciations les moyennes des bulletins russes, du journal du siége, et des rapports des officiers d'artillerie et du génie de

---

(1) On estime que les Russes ont tiré sur les armées alliées, pendant la campagne, 2.800.000 gros projectiles pleins ou creux, et 42.200.000 balles. Le tableau suivant indique le nombre approximatif des projectiles consommés en Crimée et les effets de ces projectiles divers sur les armées en présence :

Français.......	29.460.363	Français	50.836
Anglais........	15.000.000	Anglais.......	21.038
Piémontais....	50.000	Piémontais	183
Turcs ?........	35.000	Turcs?........	1.000
Flottes alliées..	35.000	Flottes alliées ?.	2.000
Russes?	45.000.000	Russes........	100.000
	89.595.363		175.057

l'armée française, ainsi que tous les renseignements qu'il a pu se procurer sur chaque journée importante de la campagne. Il fait justement observer, sur la différence des pertes des armées en présence, que dans une guerre de siége, les gros projectiles sont surtout employés pour ruiner les défenses, détruire les ouvrages, empêcher leur réparation, démonter les batteries, battre en brèche, etc., et que dans une bataille, l'effet le plus ordinaire du boulet est de jeter le désordre sans être aussi meurtrier qu'on serait tenté de le supposer. Les autres gros projectiles, bombes, obus, boîtes à balles, ont généralement une action plus meurtrière et mettent plus d'hommes hors de combat, surtout quand ils sont lancés par un feu convergent ou qu'ils agissent à bonne distance et éclatent au milieu de masses compactes.

Le feu du fusil est loin aussi d'être toujours meurtrier, malgré la précision des armes nouvelles. En définitive, il résulte des calculs fort curieux de M. Chenu que l'on trouve près de 1000 projectiles gros ou petits, en tenant compte de la mitraille et des éclats de bombe ou d'obus, par homme tué ou blessé.

Le grand fléau des armées est donc la maladie plus encore que les balles de l'ennemi. Aussi, sur 95,615 tués, morts ou

D'après les rapports de l'artillerie, les projectiles employés par l'armée française, sont :

532.565 boulets.		
226.386 obus, boîtes à balles, etc.	}	1.104.447
340 696 bombes.		
4.800 grenades ou fusées.		
12.362.648 balles sphériques.		
12.923.768 balles oblongues.	}	28.355.916
2.379.116 balles Nessler.		
690.384 balles évidées.		

TOTAL ...   29.460.363

disparus dans l'armée française, pendant toute la campagne, 10,942 seulement sont morts sur le champ de bataille ou à la suite de leurs blessures.

Voici l'état récapitulatif des pertes de l'armée française du 1er avril 1854 au 6 juillet 1856, et des morts depuis cette dernière époque, par suite de blessures ou de maladies contractées en Orient, jusqu'au 31 décembre 1857.

L'effectif envoyé est de 309,268 (armée de terre).

	Entrés aux ambulances ou hôpiaux.	Tués, morts ou disparus.
Maladies diverses et choléra, du 1er avril au 20 septembre 1854.................	18,073	8,084
Ambulances de Crimée et hôpitaux à distance de Constantinople..................	221,225	29,095
Hôpitaux de Constantinople	162,029	27,281
Tués par l'ennemi ou disparus..........		10,240
Morts sans faire entrée aux ambulances ou aux hôpitaux.......................		4,342
Perte de la *Sémillante* (troupes de passage.		394
» (marins)...........		308
Infirmeries de bord et hôpitaux de la flotte.	34,817	846
Morts en France après évacuation des hôpitaux d'Orient, jusqu'au 31 décembre 1857		15,025
Totaux..........	436,144	95,615

Les pertes générales des armées en présence se répartissent ainsi :

	Tués.	Morts à la suite de blessures ou de maladies.	TOTAL.
Armée française..........	10,240	85,375	95,615
— anglaise	2,755	19,427	22,182
— piémontaise.......	12	2,182	2,194
— turque,...........	10,000?	25,000?	35,000?
— russe.............	30,000?	600,000?	630,000?
Totaux......	53,007	731,984	784,991?

Les chiffres ne sont indiqués qu'approximativement pour les armées turque et russe. Mais on doit tenir pour exact le détail des situations mensuelles donné par M. Chenu, pour . les armées anglaise et sarde.

Armée turque.—Les troupes turques restées en petit nombre avec les alliés devant Sébastopol, et dirigées sur Eupatoria, furent sérieusement éprouvées par les maladies. Il résulte d'un rapport du médecin en chef de l'armée française que beaucoup de soldats turcs étaient trop vieux, ou trop usés; il y avait absence complète de soins médicaux, absence plus complète encore de soins hygiéniques. « Le côté le plus « défectueux de cette armée, dit M. de Bazancourt, était « dans les hôpitaux, où les malades et les blessés mouraient « sans secours, mal soignés, presque oubliés, comme s'ils « eussent été déjà morts, manquant de chirurgiens et de « médicaments. »

Armée russe.—Quant au chiffre des pertes de l'armée russe, il pourrait surprendre au premier abord : il est cependant plutôt au-dessous de la réalité qu'exagéré. Il comprend non-seulement les pertes en Crimée, mais encore celles subies depuis le commencement des hostilités avec les Turcs, en 1853, et celles très considérables des corps envoyés de Russie en Crimée, pendant toute la durée de la guerre.

« Les Russes, dit M. Scrive, chez lesquels, pendant le siége, « le nombre des malades et des blessés a atteint un énorme « proportion, ont eu recours, sous l'empire d'extrêmes exi- « gences et de grands besoins, à divers modes d'hospita- « lisation de circonstance. Le vaste hôpital de Sébastopol « recevait primitivement les malades et les blessés, qui étaient « ensuite évacués par la rade, à Simpheropol, à Batchi-Seraï « et à Pérécop, ou bien disséminés dans les villages, bourgs « et villes de la frontière, et chez les paysans ; une grande « baraque construite à Belbeck, recevait les malades de l'ar-

« mée d'observation russe, et servait en même temps de di-
« verticulum, en cas d'encombrement trop considérable de
« l'hôpital de la ville assiégée; les forts du nord aidaient en
« partie à satisfaire à ce dernier besoin. L'établissement hos-
« pitalier de la Belbeck, qui a été visité en détail par l'ins-
« pecteur Baudens, n'a pas paru à ce médecin réunir tou-
« tes les conditions de salubrité voulues (1). »

Armée sarde. — L'état sanitaire de l'armée sarde, sans
avoir atteint le degré de péril de la nôtre, au double point
de vue de la gravité et du nombre des malades, a subi, pendant l'épidémie cholérique de juin et pendant l'hivernage
de 1855-1856, de très rudes épreuves. Les moyens hospitaliers de guerre employés par les médecins sardes étaient,
pour ainsi dire, calqués sur ceux de l'armée française; ils
possédaient à Balaklava un hôpital baraqué, parfaitement
installé et dirigé, au point de vue administratif, par des sœurs
de charité, et un hôpital général à Iéni-Koi (Bosphore).

Statistique médicale de l'armée sarde, de mai 1855
à juin 1856.

	GENRE DE MALADIES.	CAS.	DÉCÈS.	OBSERVATIONS.
Hôpital du camp en Crimée.	Blesssés par l'ennemi..........	167	16	Au total de 2,182
	Blessés ordinaires.............	1412	6	des pertes générales
	Fiévreux......................	15663	288	il faut ajouter 12 tués
	Scorbutiques.................	901	12	par l'ennemi, soit
	Cholériques..................	2728	1230	2,194 ou 9.86 0/0 sur
	Typhiques et typhoïques.......	647	184	un effectif de 21,000
	Vénériens....................	377	»	hommes.
	Divers.......................	168	»	
Hôpital génér. du Bosphore (Iéni-Koi)		6620	446	
Totaux..............		28683	2182	

(1) *Op. cit.,* page 371.

Armée anglaise. — Sur un effectif de 97,864 hommes (armée de terre), on compte 22,182 morts, soit 22,66 pour 100 , tandis que pour l'armée française. sur un effectif de 309,268 hommes (armée de terre) on compte 95,615 morts (1) ou 30,91 pour 100.

Statistique médicale de l'armée anglaise, du 1ᵉʳ avril 1854 au mois de juillet 1856, d'après le rapport communiqué au Parlement.

GENRE DE MALADIES.	CAS.	DÉCÈS	OBSERVATIONS.
Service général.			L'effectif (*armée de terre*) envoyé en Orient pendant la guerre comprend 97864 hommes.
Plaies par armes à feu, fractures, commotions, blessures par instrument tranchant	12345	1738	
Luxations, entorses, contusions, brûlures.	5656	23	On a compté :
Fièvres (intermittente , continue , rémittente, typhoïde)	31204	3446	Blessés ... 18283 —
Fièvres éruptives (variole, rougeole, scarlatine, varicelle)	29	6	Morts des suites de
Pneumonie, phthisie, bronchite, hémoptysie	1980	380	blessures — 1847
Pleurite, catarrhe, asthme	10402	264	Tués ..... — 2775
Maladies du cœur et des vaisseaux	208	41	Fiévreux.. 144410 —
id. du foie, de la rate, etc.	1138	40	Morts..... — 16298
id. du tube digestif (1)	62865	10452	Evacués
id. du système nerveux (2)	736	160	morts en
Typhus	167	62	mer..... — 1282
Rhumatismes	5000	232	
Phlegmons et ulcères	12542	37	Totaux. 162693 22182
Maladies vénériennes	3230	4	
id. des organes génito-urinaires	222	3	
Congélations	2389	463	(1) Dont 7575 cas et 4513
Scorbut	2096	178	décès de choléra.
Hernie, hémorrhoïdes, varicocèle, varices	519	2	
Péritonite, hydrocèle, lumbago	162	10	(2) Dont 23 tétanos (21
Ophthalmies	3307	»	morts).
Maladies cutanées	749	1	
Gale	257	»	
Suicides	»	20	
Diverses	3076	556	
Punitions corporelles	1773	»	
Hôpitaux du Bosphore , de Varna , des Dardanelles et de Smyrne	49970	6097	
Hôpitaux du camp, de Balaklava et du monastère de Saint-Georges	10235	767	

(I) En y comprenant 18,025 morts en France après évacuation des hôpitaux d'Orient jusqu'au 31 décembre 1857.

La différence n'est pas moins frappante quand on fait le rapprochement des chiffres des entrées et de la mortalité aux hôpitaux et ambulances, pour cause de blessures quelconques. Ainsi, tandis qu'il y a eu pour l'armée française, en moyenne, 39,868 entrés par suite de blessures, et 9,923 morts, soit 24,88 pour 100, dans les ambulances de Crimée et les hôpitaux de Constantinople; on trouve que l'armée anglaise n'a présenté que 18,283 entrés par suite de blessures quelconques et 1847 morts, soit 10,10 pour 100 dans ses divers hôpitaux en Crimée et aux hôpitaux du Bosphore et des Dardanelles (1).

		ENTRÉS aux HOPITAUX.	MORTS de maladies ou des suites de leurs blessures.	PROPORTION POUR 100.
Armée anglaise	Fiévreux.	144.440	17.580	12.17
97,864 hommes d'effectif.	Blessés...	18.283	1.847	10.10
Totaux et moyenne ...		162.693	19.427	11.90
Armée française	Fiévreux.	396.276	75.452	19.06
309,268 hommes d'effectif.	Blessés...	39.868	9.923	24.88
Totaux et moyenne ...		436.144	85.375	19.57

Il n'est pas, en effet, sans importance de faire remarquer que, s'il résulte de la décomposition statistique que, pendant le premier hiver de la campagne 1854-1855, nous avons eu un avantage très marqué sur nos alliés, nous avons perdu cet avantage pendant le second hiver 1855-1856. C'est que la première expérience avait été cruelle pour les Anglais,

(1) Ces chiffres n'ont pas été interprétés avec les mêmes déductions dans l'ouvrage de M. Vigo Roussilloh (*page* 205).

qui n'avaient pas fait depuis longtemps la grande guerre, et qui, pris au dépourvu, ont été tenus de tout improviser. Mais aussi avec quelle énergie et quelle entente de toutes choses n'ont-ils pas profité de la leçon ? « L'installation, dit Scrive, plus que médiocre de nos infirmeries, contrastait désavantageusement avec celle des infirmeries anglaises, qui étaient luxueusement constituées. » Les Anglais, qui avaient reçu une terrible leçon au début de la guerre, par le manque de moyens d'hospitalisation nécessaire à une armée en campagne pendant l'hiver, avaient, au second hivernage, pris une superbe revanche : leurs infirmeries, composées de baraques ou de grandes tentes doubles, avaient toutes un excellent parquet de bois ; ils avaient en plus, en Crimée, trois hôpitaux de la contenance de 12 à 1400 places, à Balaklava même ou sur les hauteurs dominant le port, et près du monastère Saint-Georges ; chaque malade avait son lit en fer, sa table et sa descente de lit, et un costume d'hôpital. « Les ambulances anglaises, dit Baudens, étaient d'une remarquable propreté ; on a vu que cette qualité ne se rencontrait pas dans les nôtres..... Cette différence tient en partie à la position élevée et plus indépendante du médecin militaire anglais, qui exerce une plus haute autorité pour l'exécution des mesures hygiéniques. Le régime alimentaire s'écartait de celui des ambulances françaises. Le thé, la viande rôtie, les puddings y tenaient une large place. Le médecin pouvait ordonner la bière, le rhum, le cognac, les vins de toutes sortes, et tout ce qu'il jugeait convenable (1). »

Tous les campements, d'ailleurs, étaient dans les conditions les plus salubres ; les baraques habitées par l'armée anglaise toute entière étaient planchéiées et avaient un che-

---

(1) *Souvenirs d'une mission médicale en Orient.* (Revue des Deux-Mondes, 1857.)

min empierré au centre et allant d'une porte à l'autre. Elles
étaient pourvues de tous les bienfaits du confortable. Bien
closes et chauffées par un ou deux poêles à réservoir simple
ou double, plein d'eau chaude pour les besoins des habi-
tants ; il était possible de tenir les ventouses toujours ouver-
tes et d'obtenir ainsi une aération complète. Aussi, les Anglais ont-ils été préservés, en 1856, du typhus et du scorbut
qui ont sévi dans les camps voisins des autres armées. Et
cet heureux résultat, obtenu dans les mêmes circonstances
de guerre, de saison, de climat, à quoi faut-il l'attribuer ?
Sans doute à l'application mieux entendue des mesures hygiéniques, à une meilleure direction des services administratifs.

Le tableau qu'en ont donné tous les historiens les plus
impartiaux, « donnerait-il lieu, dit le Dr Shrimpton, de
penser que l'on s'était montré trop prodigue à la fin pour
des soldats en campagne, et qu'on leur avait procuré un
trop grand bien-être ? Qu'on se détrompe. C'est précisément
parce qu'à la guerre les soldats se trouvent davantage exposés à toutes sortes de privations et de souffrances qu'il
faut alors les entourer de plus de soins et ne rien épargner
pour adoucir leur position. La preuve en est justement dans
la grandeur des résultats que l'armée anglaise put obtenir,
grâce à la sollicitude dont elle était l'objet ; car, non-seulement elle put par là se délivrer du typhus et en rester
exempte, alors qu'il continuait ses ravages dans l'armée
française et l'armée piémontaise, mais encore elle échappa
pour toujours à ces tristes maladies zymotiques qui l'a-
vaient précédemment envahie et qui l'avaient frappée d'une
si grande mortalité. Or, l'importance des garanties que l'armée anglaise trouva pour la vie de ses soldats dans l'exemption des maladies zymotiques est parfaitement appréciable
par le calcul même des pertes énormes que ces maladies lui
avaient fait subir et que miss Nichtingale constate dans une

de ses réponses aux demandes de la Commission royale d'enquête, en 1859 : « *Dans les dix semaines écoulées entre le 5 mai et le 14 juillet 1855, 96 pour 100 de tou-tes les morts produites par les maladies furent occasion-nées par des maladies zymotiques*, c'est-à-dire qu'en ad-mettant qu'il n'eût pas d'ailleurs été possible de prévenir 4 pour 100 de toutes ces morts, il n'en resterait pas moins démontré qu'on aurait pu en prévenir 96 pour 100, parce qu'elles étaient produites par des maladies zymotiques qui étaient de nature à être prévenues elles-mêmes (1). »

Ainsi donc, il faut le reconnaître hautement, c'est à une meilleure installation sous le rapport hygiénique, à l'ap-provisionnement complet, varié, abondant, bien assuré de toutes les ressources nécessaires à une armée, que l'on doit attribuer l'heureuse métamorphose opérée dans l'état sani-taire de l'armée anglaise.

Veut-on maintenant s'expliquer les résultats si différents obtenus par les chirurgiens anglais et ceux de l'armée fran-çaise dans le traitement des blessures de guerre, et pourquoi les plaies et les opérations ont été traitées avec un succès plus marqué dans l'armée anglaise que dans la nôtre? Cela est facile. On n'invoquera pas le tempérament, la force de résistance, puisque les soldats anglais ont été éprouvés comme les français au début de la campagne ; pas davan-tage le mode de pansement, qui a été le même pour les chirurgiens de l'une et l'autre armée. C'est donc ailleurs qu'il faut chercher la raison de nos insuccès dans les opéra-tions, de la plus grande mortalité qui a été constatée dans l'armée française.

C'est qu'en effet, comme le rapporte **M.** Chenu, nos blessés à peine après un premier pansement, étaient évacués de l'ambulance sur les hôpitaux de Constantinople ; que

______
(1) *L'armée anglaise et Miss Nichtingale*. Paris 1864, page 49.

pendant leur traversée de Kamiesch dans le Bosphore , qui durait de trois à cinq jours, il arrivait souvent qu'ils n'étaient soignés par personne, que d'ailleurs, le plus souvent, on manquait à bord de linge de rechange suffisant, et des médicaments indispensables ; tandis que les anglais gardaient leurs blessés jusqu'à ce que leurs plaies fussent en voie de cicatrisation , les traitaient sur place dans des conditions relativement bonnes, ou ne les évacuaient sur les hôpitaux à distance de la Crimée que beaucoup plus tard, alors que tous les accidents de complications n'étaient plus à redouter.

« L'impérieuse nécessité d'embarquer des malades et des blessés sur des navires non organisés pour ce service, l'obligation de les loger sur le pont, quand le temps était beau et la mer calme, et dans les circonstances contraires, de les coucher dans l'entrepont ou la cale, ont eu certainement une influence fatale sur un grand nombre de nos évacués , qui succombaient parfois pendant la traversée, ou qui arrivaient à Constantinople dans un épouvantable état (1). »

Est-il besoin d'ajouter que, pour faire régulièrement face aux besoins éprouvés par notre armée, il eût fallu doubler le nombre des médecins : tandis que la pénurie ordinaire du personnel médical de l'armée empêchait presque constamment de détacher du service un ou plusieurs médecins pour accompagner les évacuations sur mer. Le contact permanent des foyers d'infection, les gardes dans les tranchées et en outre les obligations d'un service exceptionnel, ont contribué à accroître le nombre des victimes du corps médical qui s'est élevé au chiffre énorme de 83, à 19 pour 100 en moyenne (2), si l'on considère que la mortalité des officiers combattants pris en bloc n'a pas été de 15 pour 100 , tant par le feu de l'ennemi que par la maladie.

(1) Scrive, *op. cit.*, page 378.

(2) Le nombre des médecins blessés par le feu de l'ennemi et par l'explosion de la poudrière d'Inkermann a été de 19, dont un a succombé en France aux suites de sa blessure. (Scrive, *op. cit.*, page 471.)

« Toutefois, on est en droit de déclarer, proclame le médecin en chef, M. Scrive, que si le corps médical, souvent réduit à un mince effectif par les maladies, n'a jamais été débordé par un labeur aussi considérable, c'est que son actif dévoûment au soulagement des infortunes a dû doubler son courage et ses forces. Au prix des plus grands sacrifices, le médecin militaire à voulu montrer qu'il avait aussi ses moments d'héroïsme, et que, de même que les soldats du siége, il ne reculerait devant aucun obstacle, devant aucun danger. Aussi, par son mérite scientifique, son initiative intelligente, son zèle ardent, son dévoûment et son abnégation absolus, *le corps médical de l'armée d'Orient s'est élevé au degré le plus considérable d'honorabilité qu'un corps savant puisse acquérir* (1). »

Ici se terminent les considérations qui découlent naturellement des évènements et des faits consignés dans le travail de M. Chenu ; elles permettent, croyons-nous, de se rendre facilement compte de la nécessité de bons services administratif et sanitaire, quand on porte surtout son attention sur le contraste des résultats graves et tout opposés produits au sein des armées alliées par la manière dont le service y a été organisé et pratiqué par chacune d'elles.

Mais l'expérience acquise ne peut être perdue ; elle servira, nous en sommes certain, entre les mains paternelles du pouvoir, à modifier ce qu'il y a de défectueux dans les rouages de notre système, et tirera parti du fait accompli dans l'intérêt bien entendu de l'existence du soldat en campagne. Ne pas profiter de ces renseignements, dit **M.** Scrive, serait un crime de lèse humanité.

Poursuivons, et nous verrons comment les Américains ont su mettre à profit l'expérience de la guerre de Crimée.

---

(1) SCRIVE, *op. cit.*, page 476.

DEUXIÈME PARTIE

Histoire médico-chirurgicale de la guerre de la
sécession (Etats-Unis d'Amérique).

Statistique médico-chirurgicale de la guerre de la sécession (Etats-Unis d'Amérique), de juin 1861 à mai 1865.

> C'est sur les moyens de *prévenir* les maladies que doit se fixer spécialement l'attention, afin de conserver une armée efficacement active et sauver la vie des soldats. Nous espérons que l'histoire de ces dernières guerres prouvera à l'autorité militaire la nécessité d'une plus soigneuse attention à cette branche de la science de la part des commandants d'armée, et l'utilité politique de donner aux *médecins* une voix efficace dans les arrangements sanitaires pour de futures expéditions.
> (*Rapport de la commission royale d'enquête, présenté au Parlement*).

Après le remarquable travail de M. le médecin principal Chenu, et les rapports officiels sur le service de santé, présentés au Parlement anglais, à la suite de la guerre d'Orient (1), l'histoire médico-chirurgicale des armées ne possède rien d'aussi complet et d'aussi vaste que les documents portés, sous la forme d'une simple circulaire, à la connaissance des officiers du corps médical américain, par le Major-général Joseph K. Barnes, chirurgien général de l'armée des Etats-Unis.

---

(1) *Medical and surgical history, of the British army which served in the Crimea, during the war against Russia, in the years 1854-56. London, 1858.*

Nous commencerons, tout d'abord, par adresser ici publiquement nos plus vifs remercîments à ce haut fonctionnaire, et par le prier d'agréer l'expression de notre reconnaissance, pour l'attention si bienveillante qu'il nous a témoignée en nous faisant personnellement l'honneur de nous en adresser un exemplaire. Cette marque de haute estime accordée à nos modestes travaux, démontre combien est profond, chez nos confrères américains, le sentiment de confraternité scientifique. Si nous avons été devancé dans l'analyse de ce travail (1), que son étude nous avait donné la pensée d'entreprendre aussitôt, nous n'en sommes pas moins heureux de pouvoir en rendre compte aujourd'hui, puisque les faits intéressants qu'il renferme, n'ont rien perdu de leur actualité.

Déja, par l'active publicité donnée à tous les actes de la République Américaine, la *Revue des Médecins des Armées* (2) avait pu faire connaître les épisodes les plus intéressants de l'histoire médicale de la rébellion, et donner même des extraits assez complets de quelques rapports officiels du *Surgeon général de l'armée de l'Union*, publiés par l'*American Medical Times*. Mais le travail d'ensemble préparé dans les bureaux du département médical de Washington, et dont la Circulaire n° 6, publiée le 1er novembre 1865, n'est qu'une sorte de programme détaillé, renferme des documents d'une valeur inestimable pour l'histoire médico-chirurgicale de la sécession, et dont une analyse même incomplète, peut offrir déjà le plus grand intérêt et les enseignements les plus importants pour les guerres futures.

____

(1) *Archives de Médecine navale*, n°ˢ de juin et de juillet 1866.
(2) Tome VII, pages 145 et suivantes.

I

DOCUMENTS DESTINÉS A L'HISTOIRE CHIRURGICALE.

Le premier rapport signé par le Lt.-Colonel chirurgien-major George A. Otis, est une analyse de tous les documents chirurgicaux dont l'ensemble formera deux forts volumes in-4°.

Après avoir examiné les nombreux matériaux adressés au bureau du chirurgien général, tels que : relevés numériques des blessures et des affections chirurgicales ; listes nominatives des blessés et des morts ; mouvements des hôpitaux ; rapports mensuels et trimestriels sur les faits de chirurgie les plus importants et sur les opérations pratiquées ; recherches pathologiques sur les diverses complications morbides : la pourriture d'hôpital, l'ostéomyélite, l'infection purulente et autres ; description des plans d'organisation des ambulances et des moyens de transport des blessés par terre et par eau, l'auteur fait un exposé succinct de toutes les instructions rédigées, et de toutes les mesures adoptées par le département médical pour la classification des rapports depuis le commencement des hostilités.

L'étendue de ces documents est déjà bien grande, et l'abondance des matériaux recueillis est tout simplement immense (enormous). On peut, par exemple, se faire une idée du nombre considérable des faits observés et de l'importance des résultats acquis, en comparant seulement une partie de ces rapports avec les statistiques complètes des autres armées pendant la guerre de Crimée.

Ainsi, tandis qu'il y a eu, pendant toute la durée de la campagne, dans l'armée anglaise, 12,094 blessés et 2,755 tués, soit au total 14,849 (1), et dans l'armée française, 39 868 blessés et 8,250 tués, soit un total de 48,118, bien que dans son compte-rendu des blessures des diverses régions, M. Chenu ne signale que 26,681 cas (2). dans l'armée des Etats-Unis, les rapports mensuels établis pour un peu plus de la moitié des régiments en campagne pendant l'année finissant au 30 juin 1862, fournissent un total de 17,496 blessures par armes de guerre; et, pour un peu plus des trois quarts des régiments pendant l'année finissant au 30 juin 1853, les relevés donnent 55,974 cas de blessures, et les listes des blessés recueillies sur le champ de bataille comprennent pour les années 1864-65, plus de 114,000 noms (3). Encore ces états doivent-ils être complétés par le dépouillement qui reste à faire des rapports des hôpitaux généraux où l'on a reçu beaucoup de blessés dont les noms n'avaient pas été inscrits soit par les commis des hôpitaux des champs de bataille, soit par les médecins de régiments, et l'on doit y joindre aussi le chiffre de ceux qui ont été tués dans les combats.

Si l'on compare le nombre de cas de quelque lésion importante, comme la fracture du fémur par coup de feu, on trouve que dans l'armée française, en Crimée, il y a eu 459 lésions de ce genre, et 194 dans l'armée anglaise, tandis que plus de 5,000 cas semblables ont été enregistrés dans l'armée des Etats-Unis.

Si c'est une opération importante qui est prise pour terme de comparaison, la résection de la tête de l'humérus, par exemple, les rapports de Crimée donnent 16 de ces résections pour l'armée anglaise, 42 pour l'armée française, tandis que pour l'armée américaine il y a l'histoire détaillée de 575 opérations du même genre.

(1) *Oper. cit.*, vol. II , page 259.
(2) *Oper. cit.*, page 254.
(3) *Oper. cit.*, Introduction, page 2.

Les collections et préparations chirurgicales (spécimen) du Musée de médecine militaire, sont au nombre de 5,480. Toutes ces pièces se rapportent non-seulement à des lésions récentes, mais encore à des lésions en voie de réparation, à des complications morbides, aux résultats des opérations, à des appareils de chirurgie, au matériel de campagne.

On ne peut donc douter qu'une telle richesse et une telle variété de documents ne soit, comme le fait observer l'auteur, de nature à jeter une vive lumière sur quelques points controversés de chirurgie opératoire, sur l'opportunité, par exemple, de la résection de la tête du fémur dans certaines conditions, de préférence à la désarticulation de la hanche, opérations dont on connaît l'excessive mortalité. Aussi, pensons-nous, que les considérations générales dont les documents statistiques proprement dits, sont suivis, exciteront, au point de vue de la pratique de l'art, l'intérêt de tous ceux qui voudront se faire une idée exacte des résultats et des avantages de la chirurgie conservatrice, qui nous semble avoir été très judicieusement et très largement mise en application dans l'armée américaine.

§ 1. — STATISTIQUE DES BLESSURES ET DES OPÉRATIONS CHIRURGICALES.

Les deux tableaux suivants présentent les résultats partiels du dépouillement de tous les cas de blessures, de complications chirurgicales et opérations pratiquées qui ont été enregistrés et vérifiés jusqu'au 30 septembre 1865, sur un total d'environ 187,470 blessés pendant les quatre années de la guerre. 87,822 blessures, et 17,125 opérations ont déjà, comme on peut en juger, été vérifiées, classées et suivies dans leurs résultats.

1° Tableau des cas de blessures ou lésions chirurgicales, et de leurs complications qui ont été classés et vérifiés.

Fractures par armes à feu et lésions du crâne			1108
Id.	id.	des os de la face	1579
Id.	id.	de la colonne vertébrale n'intéressant ni la poitrine ni l'abdomen.	187
Id.	id.	des côtes sans lésions des viscères thoraciques ou abdominaux..	180
Id	id.	du bassin n'intéressant pas la cavité péritonéale	397
Id.	id.	de l'omoplate et de la clavicule sans lésions de la cavité thoracique.	389
Id.	id.	de l'humérus	2408
Id.	id.	du radius et du cubitus	785
Id.	id.	du carpe et du métacarpe	790
Id.	id.	du fémur	1957
Id.	id.	de la rotule et de l'articulation du genou	1220
Id.	id.	du tibia et du péroné	1056
Id.	id.	du tarse et du métatarse	629
Blessures par armes à feu pénétrantes de la poitrine, et compliquées des lésions des viscères thoraciques			2303
Blessures par armes à feu pénétrantes de l'abdomen, et compliquées de lésions des viscères abdominaux			565
Blessures par armes à feu du cuir chevelu			3942
Id.	id.	des parties molles de la face	2588
Id.	id.	du cou	1329
Id.	id.	des parois thoraciques	4759
Id.	id.	du dos	5195
Id.	id.	des parois abdominales	2181
Id.	id.	des organes génito-urinaires	468
Id.	id.	des extrémités supérieures	21248
Id.	id.	des extrémités inférieures	25152
Id.	id.	des artères	44
Id	id.	des veines	3
Id.	id.	des nerfs	73
Blessures faites par coups de sabre			106
Id. id. par coups de baïonnette			143
Fractures simples, blessures et lésions diverses			2883
Cas de tétanos..			343
Cas d'hémorrhagies secondaires (consécutives)			1035
Cas d'infections purulentes			754
		Total	87822

2° Tableau des opérations chirurgicales classées et suivies dans leurs résultats.

Amputations des doigts	1849
Désarticulations du poignet	46
Amputations de l'avant-bras	992
Désarticulations du coude	19
Amputations du bras	2706
Désarticulations de l'épaule	437
Amputations des orteils	802
Amputations partielles du pied	160
Désarticulations tibio-tarsiennes	73
Amputations de la jambe	3014
Désarticulations du genou	132
Amputations de la cuisse	2984
Désarticulations coxo-fémorales	21
Résections de la tête de l'humérus	575
Résections de l'épaule	315
Résections du poignet	34
Résections tibio-tarsiennes	22
Résections dans la continuité des os des extrémités supérieures. { Corps de l'humérus... Radius... Cubitus... Radius et cubitus. }	695
Résections dans la continuité du tibia et du péroné. { Tibia... Péroné... Tibia et Péroné... }	220
Résections du genou	11
Résections du corps du fémur	68
Résections de la tête du fémur	32
Résections des os de la face ou du tronc	101
Trépanations	221
Ligatures d'artères	404
Extractions de corps étrangers	726
Opérations pour affections chirurgicales	443
Opérations non comprises dans les catégories précédentes	23
Total	17125

La partie statistique du rapport est complétée par des détails importants sur chacune des diverses classes de lésions groupées dans les tableaux précédents, par des observations choisies parmi les plus remarquables et par des figures dans le texte qui représentent d'intéressants spécimens des pièces d'anatomie pathologique déposées au Muséum Médical. (Voyez l'*Appendice*, page 139.)

§ 2. — DU CORPS MÉDICAL ET DU MATÉRIEL DE CAMPAGNE.

I. Du Corps Médical. — Quand son organisation fut compléte, le corps médical des Etats-Unis se composait du personnel suivant :

	Armée régulière.	Corps de volontaires.
Chirurgien général	1	»
Chirurgien général adjoint	1	»
Médecin inspecteur général	1	»
Médecins inspecteurs	16	»
Chirurgiens-majors et adjoints	170	»
Id. id.	»	362
Chirurgiens de régiments et adjoints..	»	3,000
Chirurgiens ou médeéins auxiliaires (engagés par contrat)	2,500	»
Conservateurs ou gardes du matériel médical	6	»
TOTAL..	6,057 (1)	

(1) Cet immense effectif ne paraîtra pas exagéré si l'on veut réfléchir à l'accroissement considérable que l'armée fédérale avait dû recevoir. Ainsi, on comptait à la fin de la guerre 980 régiments d'infanterie, 223 de cavalerie et 70 d'artillerie. L'armée régulière ne s'élevait qu'à 25,000 hommes environ, et les corps de volontaires, qui ne dépassaient pas 600,000 hommes présents sous les armes, pouvaient atteindre 1,000,000 d'effectif.

Les exigences d'une telle armée, en rendant plus importants les services du corps médical, durent nécessairement, pour augmenter l'efficacité de son action, amener des modifications essentielles dans son organisation. C'est ainsi, que sur la demande de la Commission sanitaire d'enquête

Le service médical en campagne était organisé sur le pied d'un hôpital indépendant et d'un train d'ambulance pour chaque division de trois brigades.

Le personnel d'un hôpital divisionnaire était composé : d'un chirurgien en chef, assisté d'un chirurgien-adjoint faisant exécuter ses ordres et d'un second chirurgien–adjoint comme secrétaire, de trois chirurgiens majors opérateurs, secondés par trois chirurgiens, et du nombre nécessaire d'infirmiers et de domestiques.

Le train d'une ambulance divisionnaire était commandé par un lieutenant assisté d'un second lieutenant de chaque brigade. Les hommes détachés au service de l'ambulance comprenaient : un sergent de chaque régiment, trois soldats pour chaque ambulance et un soldat pour chaque voiture ou caisson.

Le train d'ambulance se composait de une ou trois voi-

à la fin de 1861, la réorganisation du corps médical fut opérée sur les mêmes bases qu'en Angleterre, d'après le décret du 1ᵉ octobre 1858. Auparavant, le grade de colonel était le plus haut grade d'assimilation que les médecins pussent atteindre (il est vrai que le nombre des membres du département médical ne s'élevait qu'à 137 avant sa réorganisation), mais la nouvelle loi leur accorda, avec une extension d'attributions, la position correspondante suivante des grades de la hiérarchie militaire :

Chirurgien général [*], avec rang de Brigadier général.

    »   »   Major général (après 3 ans).

Chirurgien général adjoint.⎫
Médecin inspecteur général.⎭.... Brigadier général.

Médecins inspecteurs............ Colonel.

Chirurgien major et de régiment. Major et lieut.-colonel (à l'ancienneté).

   »   adjoint[**]............ Capitaine et lieutenant   id.

[*] Le premier chirurgien général nommé fut William A. Hammond, avec le rang de brigadier général. Le chirurgien général actuel J.-K. Barnes est breveté major général (général de division).

[**] Les chirurgiens auxiliaires ou médecins requis, recevaient la solde de 1ᵉʳ lieutenant et obtenaient sans avoir jamais servi, l'emploi d'adjoint ou d'assistant, le nombre des *medical cadets* étant de beaucoup au-dessous des nécessités du service.

tures d'ambulance pour chaque régiment, escadron ou bat-
terie, d'un caisson de médicaments pour chaque brigade, et
de deux ou un plus grand nombre de caissons d'approvisionnement.

L'hôpital et le train d'ambulance étaient sous l'autorité
(*control*) du chirurgien en chef de la division (1). Les hôpi-

(1) En plus du personnel hospitalier proprement dit, il existait des
officiers médicaux d'un rang plus ou moins élevé dans les états-majors
des armées actives. Chaque régiment avait un chirurgien du grade de
major, et un ou deux adjoints ; chaque brigade, chaque division avaient
aussi leur chirurgien en chef du grade de licutenant colonel ou de major,
chaque corps d'armée et chaque armée, un directeur médical du rang de
lieutenant-colonel et plus souvent de colonel*.

Tous ces chefs de service étaient subordonnés les uns aux autres hié-
rarchiquement. Les chirurgiens de chaque division, à l'exception de ceux
désignés spécialement pour accompagner les brigades pendant l'action,
avaient l'ordre de se rendre à l'hôpital divisionnaire pour opérer ou as-
sister dans les opérations, ou faire des pansements et d'amener avec eux
les infirmiers auxiliaires. Une circulaire d'octobre 1862 du colonel Letterman, directeur médical de l'armée de Potomac avait prescrit qu'il suffirait
qu'un seul médecin accompagnât son régiment au combat ; mais les cam-
pagnes de 1863 auraient démontré que ce petit nombre même n'est point
nécessaire; ce n'est point sur le champ de bataille, mais bien à l'ambulance qu'il est surtout besoin de chirurgiens habiles et expérimentés. Très
rarement il arrive que sur la ligne de bataille, la présence d'un chirurgien
sauve une vie qui autrement serait perdue. Tout ce qu'il peut faire
ordinairement, en fait d'opération, consiste dans l'application de quelque
bandage simple. Son grand devoir est de relever le moral des blessés,
soit par des paroles encourageantes, soit par l'administration de quelque
stimulant, jusqu'au moment où ces blessés pourront être transportés au
premier dépôt, en arrière des lignes. C'est pourquoi il avait été admis
dans l'armée fédérale que, pour l'accomplissement de cette mission, il
suffirait de commander et d'exposer deux ou trois chirurgiens seulement
par brigade, suivant l'effectif de la brigade.

* Les docteurs Charles S. Tripler, Jonathan Letterman, T.-A.-Mc Parlin,
successivement directeurs médicaux à l'armée du Potomac, étaient colonels;
également G.-E. Cooper, directeur médical de l'armée de Cumberland;
J.-J. Milhau, directeur médical du 5e corps; Parlen, à l'armée du Potomac;
Dougherty, au 2e corps d'armée, étaient lieutenants-colonels.

taux divisionnaires ont été habituellement placés un peu en dehors de la portée du feu de l'artillerie. Quelquefois trois ou un plus grand nombre d'hôpitaux divisionnaires fûrent réunis sous les ordres d'un directeur du corps médical, assisté de son inspecteur, du quartier-maître, d'un commissaire et d'un officier chef du train d'ambulanee. Les officiers médicaux qui n'étaient pas employés aux hôpitaux de campagne suivaient leurs régiments, et établissaient des dépôts temporaires aussi près que possible de la ligne de bataille. On peut juger avec quel soin ce service périlleux a été accompli par cè fait que, durant la guerre, 36 médecins ont été tués ou sont morts des blessures reçues dans le combat. Aussitôt qu'on le pouvait, après chaque engagement, les blessés étaient évacués des hôpitaux divisionnaires ou des hôpitaux des corps (1) sur les hôpitaux généraux, qui, à un moment donné, s'élevèrent au nombre de 205. Ces derniers établissements étaient placés sous la direction et le commandement d'officiers médicaux de l'armée régulière ou des corps de volontaires assistés eux-mêmes par des aides-chirurgiens et par des officiers du second bataillon du corps de réserve des vétérans.

(2) Les hôpitaux des corps (infirmeries régimentaires), n'étaient ouverts que dans les cas de campements permanents. Pendant les marches, il a paru utile de réunir tous les malades à l'hôpital divisionnaire. De cette manière, aucun malade ne se trouvant au milieu du régiment, aucun empêchement n'arrêtait le mouvement, si l'ordre de départ arrivait subitement.

La suppression des hôpitaux régimentaires n'offre rien de surprenant quand on sait la difficulté de leur fonctionnement pendant une campagne, et leurs inconvénients au point de vue des moyens de transport. C'est donc avec juste raison qu'on leur a substitué un hôpital d'ambulance active pour chaque division, qui marchait immédiatement à la suite des troupes, avec tout son matériel d'ambulance, et formait sur le champ de bataille le noyau d'un hôpital divisionnaire.

II. **Des moyens de transport des blessés**. —
Les blessés qui ne pouvaient marcher étaient immédiatement transportés hors de la portée de la mousqueterie sur
des brancards. Le service de porteurs était fait par les musi-
ciens des régiments.

Les modèles des diverses sortes de brancards qui ont été
employés sont conservés au musée médical de l'armée. Au
commencement de la guerre , la plupart des régiments
avaient été pourvus de brancards conformes au vieux modèle réglementaire. On reconnut bientôt que les pièces
transversales étaient souvent perdues et que, lorsque le
canevas de la civière était humide, ce brancard se montait
avec difficulté. Alors un brancard léger et convenable connu
sous le nom de « *Brancard Halstead* » fut ensuite très fréquemment employé. Le brigadier général Satterlee en a fait
sortir 12,867 du seul dépôt de New-York. Mais ils étaient
trop fragiles pour le rude service auquel ils étaient soumis.

Alors un autre brancard (de *Smith*) se pliant suivant sa
longueur, dans lequel les barres longitudinales étaient re-
liées par des armatures en fer pouvant se plier, fut généralement employé pendant les deux dernières années de la
guerre. Le colonel C.-Mc. Dougall en a fourni 5,548 du
dépôt de Philadelphie.

Une forme de litière portée sur des roues, qui a été employée avec avantage par les Prussiens dans la guerre de
Danemarck, a été mise trop tard en usage pour démontrer
son utilité pratique,

Un petit nombre de cacolets furent employés : mais ils
n'ont pas été appréciés favorablement par beaucoup de chirurgiens. Ils étaient disposés seulement pour des hommes
blessés aux extrémités supérieures et beaucoup de patients
furent beaucoup plus confortablement transportés dans les
voitures d'ambulances ou les fourgons de bagages.

Les litières sur des chevaux furent aussi très peu employées. Cependant, 7 ou 8 cents furent distribuées aux troupes; mais on y a bientôt renoncé.

Au commencement de la guerre, l'ambulance à un cheval, inventée par le chirurgien général Finley et le chirurgien Coolidge, et l'ambulance à 4 chevaux, inventée par le chirurgien colonel Tripler, ont surtout été employées. La première était destinée au transport de deux blessés dans la position horizontale. La seconde était disposée pour huit hommes couchés. Les lits, dans toutes ces ambulances, étaient mobiles et pouvaient servir de brancards.

Les ambulances à un cheval étant trop fragiles pour les rudes chemins où on les employait, tombèrent bientôt en discrédit. Les ambulances à quatre chevaux rendirent de bons services, mais elles étaient trop lourdes.

L'ambulance connue sous le nom d'ambulance Wheeling, parce qu'elle avait été construite pour la première fois à Wheeling en Virginie, sur le plan du général Rosecrans, devint bientôt d'un usage général. Elle était traînée par déux chevaux et portait 10 à 12 personnes assises ou 2 ou 3 personnes assises et 2 couchées. Elle réunissait la légèreté et la solidité.

Vers la fin de la guerre, une ambulance meilleure encore fut construite sur les plans fournis par le major général Rucker; c'est elle qui a été recommandée comme ambulance réglementaire de l'armée des Etats-Unis.

Pendant toute la durée de la guerre, on a adopté partout le système d'évacuer rapidement les blessés sur les hôpitaux sédentaires, éloignés du théâtre des hostilités. Pour arriver à ce but, des wagons-hôpitaux furent construits pour les chemins de fer, et des bateaux à vapeur furent installés comme transports ou furent construits exprès pour ce service. Les wagons-hôpitaux furent munis de hamacs mobiles ou de litières; dans chaque train, un wagon était disposé pour la cuisine et la pharmacie.

Pendant le siège de Pétersbourg, les blessés et les malades furent conduits en chemin de fer, des hôpitaux installés près des tranchées jusqu'à l'avenue centrale du grand hôpital de City-Point, et déposés aux portes des salles.

Lorsque les bases des opérations militaires étaient près du bord de la mer ou de grands cours d'eau, les malades et les blessés étaient évacués sur des bateaux à vapeur-hôpitaux. Les transports-hôpitaux sur l'Atlantique, le Mississipi et ses affluents formaient une vaste flotte. Les bateaux à vapeur servant au transport des voyageurs, furent d'abord employés par nécessité ; mais, à la fin, des vaisseaux furent spécialement construits pour les besoins hospitaliers. L'emménagement intérieur d'un des meilleurs transports-hopitaux de l'océan est représènté dans une figure jointe au texte : c'est un vaisseau de 1400 tonneaux et de 228 pieds de long, disposé pour 477 lits. Il a été installé à New-York, sous la direction du chirurgien A. H. Hoff.

III. Matériel chirurgical, objets de pansements, etc. — Au commencement de la guerre, chaque chirurgien de régiment fut muni des instruments, médicaments, et objets de pansements, énumérés dans une nomenclature réglementaire relative aux approvisionnements (1). Dans le combat, il était accompagné par un infirmier d'ordonnance, qui portait un havre-sac contenant une petite provision d'anesthésiques, de stimulants, de calmants, de styptiques et les matériaux pour les premiers pansements. Les coffres de médicaments et les fournitures d'hôpital encombrantes étaient transportés dans dés fourgons du convoi d'approvisionnements, mais souvent on ne pouvait les avoir quand ils étaient le plus urgent. Pour remédier à cet

____

(1) Cette nomenclature fait l'objet de la *Circulaire n° 12 du Chirurgien général*. O. 1862.

inconvénient, on distribua alors des paniers contenant les médicaments, les objets de pansements, les appareils de chirurgie les plus nécessaires. Ils avaient été disposés pour être portés sur le dos des bêtes de somme, mais ils étaient trop lourds pour être ainsi transportés, comme les havre-sacs l'étaient par les hommes.

Lorsque l'organisation du service médical fut perfectionnée, le matériel encombrant des régiments fut diminué. L'ordonnance portait seulement un léger havre-sac, sorte de giberne (*field companion*), contenant les médicaments et les appareils indispensables.

Mais lorsque le matériel hospitalier des régiments fut diminué, celui de la brigade fut augmenté. Chaque brigade reçut un fourgon qui contenait non-seulement des médicaments, mais une ample provision d'objets de pansements, de fournitures, d'appareils, une table d'amputation, et une petite provision d'objets de literie. Les fourgons étaient continuellement remplis avec les objets tirés des magasins du fournisseur médical de l'armée. Les fourgons construits par Autenrieth et Pérot, furent surtout employés pendant la guerre. Un modèle préférable, recommandé par le département médical, fut adopté pendant la dernière année de la guerre et fut construit dans les magasins du gouvernement. Les modèles des divers havre-sacs et fourgons sont conservés au musée médical de l'armée, avec les rapports du ministère sur leurs mérites et leurs défauts respectifs.

On voit par ces indications succinctes, relatives tant au moyens de transport des blessés qu'au matériel de campagne, avec quelle intelligence les chirurgiens américains ont su s'approprier les données fournies par l'expérience des grandes nations militaires, et y ajouter tous les perfectionnements que les circonstances leur suggéraient. Des dessins joints au texte du rapport rendent très saisissables les divers modèles de transport employés, des caissons d'ambulance, havre-sacs, paniers, boîtes à médicaments, gibernes et casiers d'instruments de chirurgie, fourgons de pharmacie.

Pour terminer, l'auteur du rapport ajoute qu'il est un certain nombre de sujets importants qui devront appeler l'attention pour faire l'histoire chirurgicale complète de la guerre, et qui n'ont pu naturellement être traités avec détails au milieu de simples documents statistiques. Ainsi, on aurait à tenir compte de l'influence exercée sur les résultats de la pratique chirurgicale par l'état de santé des troupes (maladies cachectiques, scorbutiques, paludéennes, typhoïdes), l'emploi des anesthésiques, les complications de gangrène, d'érysipèle, la nature des corps étrangers, et des modifications apportées dans le caractère des blessures de guerre par l'usage des projectiles modernes.

II

DOCUMENTS DESTINÉS A L'HISTOIRE MÉDICALE.

Le deuxième rapport, essentiellement médical, a pour but d'exposer la nature et l'étendue des matériaux recueillis sur l'état sanitaire de l'armée pendant la guerre, et l'ensemble des travaux entrepris pour la prochaine publication d'une histoire complète en trois volumes in 4°.

Ces matériaux comprennent des documents statistiques, des études et des recherches pathologiques sur les principales maladies observées dans l'armée, des préparations et des collections déposées au musée médical, et enfin la description, avec un grand nombre de plans, de l'organisation des hôpitaux.

« L'importance de tels documents, dit l'auteur, dans une sorte de préambule, ne saurait être trop appréciée.

« L'heureuse immunité, dont notre armée a joui par rapport aux grandes épidémies, immunité, qui, sous la protection de la Providence, a été la conséquence légitime et nécessaire de l'esprit libéral de notre administration et de l'étendue de nos ressources médicales, est appréciée unanimement dans les termes de la plus haute satisfaction. Autant que l'on peut en juger par les autres guerres récentes et par l'étude attentive des renseignements incomplets que l'on possède sur la santé des troupes avant le siècle actuel, il est incontestable que la mortalité de nos soldats, par suite de maladies, a été de beaucoup inférieure à celle de toute autre armée en temps de guerre.

« Mais pendant que de si heureux résultats font battre nos cœurs de reconnaissance, il ne faudrait point oublier que nos pertes par maladies n'en ont pas moins été considérables, comparativement à la mortalité moyenne des hommes de l'âge de nos soldats en temps de paix. D'après les statistiques des deux premières années de la guerre, les seules qui soient complétement terminées, la mortalité, par suite de maladies pendant la guerre, sans compter les décès survenus parmi les prisonniers de guerre et les soldats réformés, a été plus de cinq fois aussi grande que la mortalité des hommes de même âge dans la vie civile, et on ne peut se dissimuler que les maladies qui ont été les plus meurtrières sont précisément celles sur lesquelles les moyens hygiéniques sont les plus actifs.

« Au commencement de la guerre, il n'y avait qu'un seul travail important qui pût fournir des notions exactes sur la nature des maladies des armées et sur la direction à donner à l'activité de ceux qui ont le devoir de les combattre, c'était l'histoire officielle médico-chirurgicale de l'armée anglaise pendant la guerre de Crimée, présentée au Parlement, en deux volumes in-folio. Ce travail concerne un effectif relativement peu élevé de troupes servant sous un climat bien différent du nôtre ; néammoins, il a été d'une grande valeur pour la direction à imprimer à nos efforts. Quelle a été la direction donnée à ces efforts ? Quels ont été les résultats obtenus ? A quelles causes est due la mortalité de nos soldats, et par quels moyens sûrs et économiques pourrait-on les en préserver dans les guerres futures ? Telles sont les questions sur lesquelles l'expérience de nos récentes luttes, telle qu'elle se trouve consignée dans les rapports et documents officiels, peut répandre une vive lumière. Une telle publication devient, en conséquence, un des devoirs les plus importants du *département médical de l'armée*, un devoir que l'on ne peut ni éluder ni remplir avec négligence sans commettre un crime grave envers l'armée des Etats-Unis et envers tout citoyen américain qui, dans les guerres futures, s'engagerait à la défense de son pays. »

Telles sont les considérations élevées que nous avons cru devoir reproduire, dans lesquelles le chirurgien-major J.-J. Woodward est entré pour expliquer la pensée généreuse qui a inspiré le travail qui se poursuit sous sa direction dans les bureaux du chirurgien-général. On jugera par le court aperçu que nous allons en donner toute la grandeur du but à remplir.

§ 1. — STATISTIQUE MÉDICALE PROPREMENT DITE.

Au point de vue de la statistique médicale, l'auteur a cru devoir observer la division géographique du territoire occupé par les armées belligérantes en trois grandes régions : 1° L'*Atlantique* qui embrasse tout le versant des monts Appalaches à la mer, et dans laquelle eurent lieu.les opérations de l'armée du Potomac ; 2° La région du *Pacifique* comprenant tout le territoire qui s'étend à l'ouest des Montagnes-Rocheuses; et où les troupes se trouvaient dans des conditions qui approchaient de celles de la paix ; 3° La région *centrale*, formant le grand bassin continental renfermé entre les Appalaches et les Montagnes-Rocheuses. C'est dans cette dernière région parcourue par le Mississipi et ses tributaires , que se firent les expéditions les plus difficiles, non seulement au point de vue de l'immense étendue du territoire à parcourir, mais de l'embarras fréquent qui en est résulté pour le transport du matériel et des approvisionnements, que se livrèrent les combats les plus meurtriers, et que les troupes furent le plus exposées aux miasmes paludéens sous l'influence desquels les fièvres intermittentes et les autres maladies de même nature se développent. Aussi, comme on pouvait s'y attendre, ces diverses conditions ont causé des différences très grandes dans le nombre des cas de maladies et des décès, aussi bien pour les trois régions que pour les diverses parties de chacune d'elles.

A l'encontre de la statistique chirurgicale, les relevés numériques relatifs à l'histoire médicale, ne sont entièrement achevés que pour les deux années finissant , l'une au 30 juin 1862, et l'autre au 30 juin 1863. Le travail est avancé pour la troisième année, il est à peine ébauché pour la quatrième. Des relevés mensuels permettent d'abord d'établir pour chacune des deux premières années la moyenne de la mortalité et de la fréquence des maladies dans chacune des trois régions par rapport à l'effectif, et des tableaux plus détaillés font ressortir la fréquence comparative des diverses maladies.

I. — Moyenne annuelle de la mortalité. — Les documents sur lesquels elle est établie embrassent une masse de faits relatifs aux divers corps d'armée et aux hôpitaux généraux. Les relevés statistiques ont été faits et contrôlés de façon à éviter toute erreur de diagnostic, toute omission ou négligence qui pourrait ôter quelque valeur à de tels travaux. Ils sont, commes nous l'avons dit, entièrement terminés pour les deux premières années de la guerre, et ils permettent d'établir que la mortalité moyenne, par suite de maladies, a été de 48,7 pour 1000 hommes de l'effectif, pendant la 1re année finissant au 30 juin 1862 , et à 65,2 pour 1000 pendant la 2e année finissant aussi au 30 juin 1863 (1). Ces chiffres se déduisent du rapport de l'effectif au nombre des décès ainsi qu'il suit :

La première année, l'effectif s'élevait à 290,936 hommes, dont 281,177 en campagne ou en garnison, et 9,759 dans les hôpitaux, et le chiffre des décès a été de 14,183 ; la 2e année, l'effectif se composait de 644,508 hommes dont 598,821 en campagne ou en garnison, et 45,687 dans les hôpitaux, et la mortalité s'est élevée à 42,010.

Or, il suffit de rapprocher les chiffres précédents des données statistiques renfermées dans les rapports anglais et français relatifs à la guerre de Crimée, pour reconnaître qu'il y a une différence notable en faveur de l'armée américaine ; ainsi, la moyenne de la mortalité annuelle par suite de maladies a été de 232 pour 1000 hommes dans l'armée anglaise, et d'environ 300 pour 1000 de l'effectif présent dans les troupes françaises , tandis qu'elle n'est que de 57 pour 1000 pendant les deux premières années de la guerre pour l'armée américaine.

(1) Ces chiffres du Rapport officiel sont en complet désaccord avec ceux publiés par M. Vigo Roussillon, qui établit que pendant la première année la mortalité générale s'est élevée à 67.6 pour 1000 hommes, et à 39 seulement dans la deuxiéme année (*Opere citato*, pages 204 et 206).

Il est aussi une remarque à faire, c'est que la mortalité a été plus grande dans la deuxième année que dans la première, et de même qu'elle a été moindre que dans la guerre précédente avec le Mexique (en 1847) où elle a atteint le chiffre moyen de 103,8 pour 1000, tous les rapports des corps d'armée et des hôpitaux généraux établissent qu'elle a été bien différente selon la région du territoire où les troupes ont opéré ; c'est dans celle du Pacifique , où les conditions se rapprochent de celles de l'état de paix, qu'elle a été la plus faible, tandis que c'est dans celle du centre qu'elle a été la plus forte ; ce qui s'explique aussi bien parce que les opérations de la guerre y ont été conduites sur une grande échelle, au milieu d'embarras et de difficultés de toutes sortes, et que l'influence paludéenne y est prédominante.

Le tableau suivant indique pour chacune des régions, la moyenne de la mortalité annuelle exprimée par rapport à 1000 hommes d'effectif.

RÉGIONS	Du 1er juillet 1861 au 30 juin 1862.	Du 1er juillet 1862 au 30 juin 1863.	Moyenne générale annuelle de la mortalité.
De l'Atlantique.	32.54	41.40	
Du Centre	80.18	89.55	57
Du Pacifique...	11.65	8.38	
Moyennes...	48.7	65.2	

Bien que le dépouillement des rapports soit encore incomplet pour les deux années suivantes, il permet cependant déjà de croire, assure M. J.-J. Woodward, qu'ils dénoteront plutôt une diminution qu'une augmentation de la mortalité pendant cette période. Nous avons vu précédemment qu'il en avait été ainsi dans l'armée anglaise en Crimée. Aussi, deviendra-t-il intéressant dans la suite de rechercher à quelles causes on doit attribuer le même résultat, qui est en si complet désaccord avec ce que l'on observe généralement dans les armées des autres nations, et qu'on a pu expliquer avec assez de raison par la résistance de moins en moins grande que la constitution des hommes doit offrir anx influences morbides par suite des misères et des privations de l'état de guerre.

II. — **Moyenne générale des maladies.** — La statistique relative aux cas de maladies observées dans l'armée ne peut être considérée comme aussi rigoureuse que celle établie pour la mortalité, surtout quand on veut apprécier, comparativement à ce sujet, les trois régions différentes occupées par les troupes. Les rapports mensuels comprennent en effet, comme le fait remarquer l'auteur, aussi bien les cas d'exemption de service pour de simples indispositions que pour des maladies graves qui nécessitaient l'entrée à l'hôpital. Néanmoins, il est facile de reconnaître d'un simple coup d'œil, par l'examen que l'on fera du tableau suivant, que la moyenne générale des cas de maladies a été moindre dans la deuxième année (2,694 pour 1000 hommes d'effectif) que dans la première année de la guerre (2,766 pour 1000 hommes), et cette différence se retrouve de même pour chacune des régions.

RÉGIONS	1861-62.	1862-63.	MOYENNE ANNUELLE GÉNÉRALE pour 1,000 h. d'effectif.
De l'Atlantique.	2748.83	2563.25	
Du Centre....	3421.93	2831.64	2830
Du Pacifique...	2168.48	2122.92	
Moyennes...	2766	2694	

La moyenne totale pour les deux années a été de 2830 pour 1,000. Et quand on fait le rapprochement de ce chiffre de celui qui indique la moyenne générale de la mortalité en temps de paix, on voit que l'influence de la guerre sur l'état sanitaire des troupes s'est plutôt manifestée par l'accroissement du nombre des maladies graves et de la mortalité qui en est la conséquence que par l'augmentation du nombre des cas de maladies. Ainsi de 1840 à 1859 les rapports annuels donnent seulement une moyenne générale de 2,558 cas de maladies pour 1,000 hommes d'effectif.

III. — **Fréquence comparative des diverses maladies.** — Pour déterminer cet élément statistique, l'un des plus importants assurément de l'histoire nosologique des armées en campagne, il était indispensable d'adopter une classification qui permît de séparer nettement les maladies essentiellement distinctes par leur nature, et de réunir en un même groupe celles qui peuvent être facilement confondues. C'est, avec quelques modifications, celle du docteur Farr, en usage dans l'armée anglaise, qui a été adoptée par les médecins américains.

Dans une série de tableaux (au nombre de six) se trouvent énumérés par classes, genres et espèces principales de maladies, les cas de maladies et de décès survenus dans chacune des trois grandes régions territoriales occupées par l'armée pendant les deux premières années de la guerre.

Le tableau suivant donnera non seulement une notion exacte des chiffres relatifs aux diverses classes et genres de maladies, mais il permettra jusqu'à un certain point de se faire une idée des bases de la classification qui a été adoptée.

LA GUERRE CONTEMPORAINE

CLASSES ET GENRES DE MALADIES.	ANNÉE 1861-62. Effectif moyen : 290,936 hommes.						ANNÉE 1862-63. Effectif moyen : 644,508 hommes.						RAPPORT Pour 1,000 hommes d'effectif.			
	ATLANTIQUE.		CENTRE.		PACIFIQUE.		ATLANTIQUE.		CENTRE.		PACIFIQUE.		1re ANNÉE.		2me ANNÉE.	
	cas.	décès.	cas.	décès.	cas.	décès	cas.	décès.	cas.	décès.	cas.	décès	cas.	décès.	cas.	décès.
I. — Maladies zymotiques (miasmatiques, virulentes, diétiques)...............	249120	4032	207799	5269	6564	32	428603	9529	586329	20158	10317	23	1648.36	32.68	1712.11	46.10
II.—Maladies constitutionnelles (diathésiques, tuberculeuses)...........	35777	285	15090	367	1607	14	62660	812	49135	1736	1943	8	186.62	2.29	189.94	3.97
III.—Maladies parasitaires.	640	»	408	»	10	»	3103	1	4218	»	33	»	3.76	»	12.28	0.002
IV. — Maladies localisées (des divers systèmes ou appareils d'organes)....	198951	1375	105054	2341	5917	26	232836	2555	227947	7146	6204	42	1102.23	14.86	779.84	151.2
V. — Blessures, accidents, maladies chirurgicales...	27862	2410	15149	2386	1875	61	54431	5344	41903	4757	2141	41	159.64	16.69	164.45	45.74
VI. — Incertæ sedis (non classées)...............	4526	262	2149	175	423	5	»	»	»	»	»	»	25.24	1.52	»	»
Totaux.........	516876	8364	345649	10538	16393	138	781633	18241	909532	33797	20638	114	3125.85	65.44	2858.52	80.92

IV. — Considérations générales sur les principales maladies. — Quant aux chiffres relatifs aux espèces principales de maladies, nous nous bornons à les mentionner dans les conditious générales suivantes déduites à la fois des données statistiques et des observations pathologiques contenues dans les rapports médicaux de l'armée.

1° *Fièvre des camps (Malarial typhique.)* — Telle est la dénomination sous laquelle se trouve rangé le groupe des affections zymotiques miasmatiques (typhus, fièvre typhoïde, fièvre continue, fièvre rémittente). Ces maladies sont cellesqui ont causé la plus grande mortalité parmi les troupes de l'Union. Ainsi sur 74,619 cas enregistrés pendant la première année de la guerre, on compte 6,315 décès, et pour la deuxième année 138,641 cas dont 13,114 décès ; au total pour les deux années 213,260 cas dont 19,459 décès. Eu égard à l'effectif, cette mortalité est d'environ 22 pour 1000 chaque année, et l'on peut dire que près du quart des hommes a été atteint de l'une des formes variées de la fièvre des camps.

En plus de ces diverses affections englobées sous la même désignation générale de *fièvre des camps*, on a mentionné trois autres formes de fièvre : le typhus fever (824 cas et 191 décès pendant la 1ʳᵉ année, et 899 cas et 391 décès pendant la 2ᵉ ; la *fièvre pourprée* ou méningite cérébro-spinale dont on a eu à observer un grand nombre de cas, et la *fièvre jaune* qui ne s'est manifestée que par des cas isolés dans la deuxième année de la guerre et seulemeut dans quelques-unes des localités occupées par les troupes ; mais elle n'a en rien contrarié les opérations dans le Sud comme on paraît l'avoir redouté dès le principe.

2° *Fièvre intermittente.* — Cette affection sous ses différentes formes (quotidienne, tierce, quarte, pernicieuse) a atteint le chiffre de 72,810 pendant la 1ʳᵉ année, de 189,997 pendant la deuxième, et s'élève au total à 262,807 cas; celui

des décès, en y comprenant ceux dus aux accès pernicieux
a été de 1788 (430 pour la 1re année et 1358 pour la 2e), ou
en moyenne 1 décés pour 147 cas. Eu égard à l'effectif des
troupes le chiffre des cas est de 298,64 pour 1000 hommes
et celui des décès de 1,91.

3° *Diarrhée et dyssenterie.* — Les formes aigüe et chronique de ces deux affections se trouvent réunies dans ce
même groupe, qui comprend plus du quart des cas de maladie notés pendant la campagne. Ce sont ces maladies qui
ont fourni également la plus grande mortalité (4 pour 1000
de l'effectif dans la première année, et 16 pour 1000 dans la
deuxième. Les affections se sont manifestées avec une fréquence différente selon la saison et dans les diverses
régions; plus nombreuses en été et en automne, elles ont été
observées surtout dans la région du centre, comme la fièvre
des camps et les fièvres intermittentes. Aussi, est-ce avec
raison qu'on en a attribué l'origine à des causes multiples,
aux influences miasmatiques particulières à certaines saisons et à certaines localités, aussi bien qu'à l'encombrement
des tentes et des baraques, aux chaleurs de l'été, à l'épuise-
ment et à la fatigue qui sont les conséquences inévitables
de l'état de guerre, comme à l'usage d'une eau malsaine, et
de la nourriture particulière des camps, et que par cette logique appréciation les chirurgiens américains ont été conduits à d'utiles déductions pratiques. C'est ainsi que, toutes
les fois que les circonstances l'ont permis, les hommes qui
avaient contracté la fièvre ou la dyssenterie dans le Sud,
étaient dirigés vers le Nord, et cette manière de faire a
donné les résultats les plus avantageux.

4° *Choléra.* — On n'a eu à enregistrer que quelques cas
de choléra grave : 33 décès pendant la première année, et
96 pendant la deuxième.

5° *Variole.* — Les revaccinations, pratiquées sur une
large échelle ont produit les meilleurs résultats. Il n'y a eu

que 4,132 cas de variole (1,310 dans la première année, et 2,822 dans la deuxième) et 1,544 décès, ou environ un décès pour 2.67 cas.

6° *Rougeole des camps.* — Cette affection a été une des plus caractéristiques de la guerre, et elle s'est manifestée surtout chez les hommes de recrue des districts ruraux et qui avaient échappé jusque là à la contagion. Le total des cas s'élève à 38,021 (21,676 la première année et 16,345 la deuxième) et celui des décès à 1,864 (551 la première année et 1,313 la deuxième année).

7° *Oreillons épidémiques.* — Cette affection a régné épidémiquement, soit comme affection indépendante, soit comme complication d'autres maladies. On en a signalé 24,645 cas et 39 décès.

8° *Maladies inflammatoires des organes de la respiration.* — Sous cette dénomination sont compris : le catharre épidémique, la bronchite aiguë et chronique, la laryngite, la pleurésie et la pneumonie. Le total des cas s'est élevé à 304,254 et celui des décés à 8,090, Le nombre des cas représente plus de la moitié de l'effectif pendant la première année (143,991) et un peu plus du quart dans la deuxiéme (160,263). Le chiffre annuel des décès a varié de 8 à 9 pour 1,000 hommes d'effectif.

La mortalité a été en grande partie rapportée à la pneumonie (7,091 décès sur 8,090); elle a été en moyenne de un décès sur 4.4 cas, à la suite de cette affection. Dans l'armée anglaise, en Crimée, elle a été plus considérable (1 décès sur 3.6 cas.

9° *Maladies spécifiques (Enthetic).* — Le groupe des diverses formes de la maladie vénérienne comprend : 22,792 cas et 39 décès (*Syphilis*) et 40,473 cas et 12 décès (*gonorrhée* et ses *complications*) et, en résumé, ces divers accidents ont été dans la proportion de 85 pour 1,000 hommes d'effectif dans la première année et de 66 pour 1,000 dans la deuxième.

La statistique de l'armée anglaise établit que cette proportion de vénériens a été de 422 pour 1,000 en 1859, de 369 en 1860, de 356 en 1861, et de 330 en 1862. Il résulterait donc de ce rapprochement une différence notable en faveur de l'armée de l'Union.

Les ravages du *scorbut* n'ont pas été considérables : 1,328 cas et 9 décès pour la première année, 7,935 cas et 90 décès pour la deuxième. A ces derniers chiffres il faut probablement ajouter la plus grande part des 304 cas et des 31 décès par suite de *purpura* mentionnés pendant la deuxième année.

Un nombre aussi restreint de cas de scorbut (5 pour 1,000 hommes d'effectif la première année et 13 la deuxième) n'en est pas moins un fait bien remarquable et qui n'a pas de précédent dans l'histoire des armées. « Il faut indubitable-
« ment, dit le rapporteur, l'attribuer à la quantité et à la
« bonne qualité des rations du soldat, aux immenses appro_
« visionnements d'antiscorbutiques et de ressources médi-
« cales réunies par les soins du gouvernement, et à la haute
« paie des simples soldats qui, étant bien supérieure à celle
« des troupes des autres nations, pouvait être employée à
« l'achat d'assaisonnements (*pickles*), de pommes, de fruits
« secs, etc. Il en ressort incontestablement que nos soldats
« ont été les mieux nourris du monde entier, et, de plus, ils
« recevaient , à diverses époques et sur divers points, des
« provisions recueillies et distribuées par des associations
« volontaires et patriotiques, dont les secours, quoique li-
« mités par rapport à ceux qui étaient accordés par le
« gouvernement, contribuaient néanmoins à augmenter
« notablement le bien-être des soldats (1). »

(1) La ration du soldat américain se compose de : pain ou farine de froment, 692 grammes ; bœuf frais ou salé, 625 grammes ; ou porc salé ou fumé, 375 grammes ; pommes de terre, 500 grammes, alternant avec du riz, 56 grammes ; café, 56 grammes ; ou thé, 2 grammes, et sucre,

Telles sont les considérations les plus importantes que le rapporteur a développées â l'occasion des documents statistiques dont il présente le programme, qu'il nous eût été impossible de reproduire en entier sans sortir du cadre d'un simple examen analytique. Son travail est continué, comme nous l'avons déjà dit, par une revue sommaire des préparations et des collections déposées au Musée de médecine militaire, et il se termine par la description accompagnée d'un grand nombre de plans de l'organisatian et de la construction des hôpitaux.

§ 2. — SYSTÈME HOSPITALIER. — ORGANISATION
ET CONSTRUCTION DES HOPITAUX.

La collection des documents concernant la construction, l'organisation et l'administration des hôpitaux est extrêmement riche et complète. Elle comprend les nombreux rapports qui ont trait à ce sujet, et les plans et descriptions de tous les principaux hôpitaux qui ont été organisés pendant la guerre, fournis par les chirurgiens en chef au chirurgien général, et par les inspecteurs médicaux au médecin inspecteur général.

« Avec cette immense quantité de matériaux, il sera possible de faire une histoire complète et fidèle du système hos-

---

96 grammes. (W. HAMMOND, *A Treatise on Hygiene with spécial reference to the Military service*; Philadelphie 1863).

Une soupe au bœuf pour 50 hommes se compose de : bœuf coupé en morceaux de quatre ou cinq livres, 35 livres ; légumes frais ou desséchés, 3 livres ; riz, 4 livres ; farine, sucre et sel de chaque 3/4 ; eau 8 gallons. Une soupe aux haricots pour 50 hommes, contient : haricots, 4 quarts, lard ou porc, 15 livres ; oignons, 3 ; eau, 8 gallons. (F. H. HALMILTON, *A Treatise on Military surgery and Hygiene*. New-York, 1865.)

pitalier et de ses transformations, en y joignant la constrnc-
tion des hôpitaux et leur administration. Une pareille
histoire sera d'un prix inestimable dans les guerres futures,
et elle contient une foule d'applications aux hôpitaux de la
population civile. Jamais, avant cette époque, dans l'histoire
du monde, il n'y a eu un aussi vaste système d'hôpitaux organisés en si peu de temps. Jamais, avant cette époque, on
ne vit en temps de guerre de pareils établissements aussi peu
encombrés et si largement installés. Mais ce qui les a distin-
gués surtout des hôpitaux des autres nations, c'est qu'ils
étaient sous le commandement des officiers du corps médical.
En effet, au lieu de placer à la tête de ces établissements destinés au traitement des maladies et des blessures, des officiers militaires qui, quelles que soient leurs autres qualités,
ne peuvent pas comprendre toutes les exigences de la science
médicale, et qui, avec les meilleures intentions du monde,
peuvent entraver sérieusement l'action du chirurgien
comme malheureusement le cas s'est présenté pendant la
guerre de Crimée, et depuis cette époque dans les hôpitaux
d'Angleterre, le gouvernement des Etats-Unis, avec un sage
discernement, a voulu que le chirurgien fût le commandant
de l'hôpital (1); et ainsi, tout en le rendant responsable des
résultats de son administration, a voulu mettre en son pouvoir les moyens d'arriver à des résultats favorables. Le corps
médical peut montrer avec orgueil les conséquences de cette
manière libérale de procéder. »

« Jamais auparavant, dans l'histoire du monde, la mortalité dans les hôpitaux militaires n'a été aussi faible, et jamais de pareils établissements n'avaient aussi complétement
échappé aux maladies qui naissent dans leur enceinte. »

Les bâtiments hospitaliers dont on s'est servi au com-

_____

(1) « *Our Government, with a wiser diseretion, made the surgeon the
commandant of the hospital.* » (page 152).

mencement de la guerre, et même pendant tout son cours, à la suite de certaines éventualités, avaient été élevés pour d'autres destinations ; édifices publics, écoles, églises, hôtels, magasins, manufactures et demeures particulières ont été disposés à cet effet, suivant que l'ont exigé les circonstances. Mais, peu à peu, des pavillons en bois, élevés spécialement pour cet objet, sont devenus d'un usage très répandu et à la fin la majorité des hôpitaux généraux appartenaient à cette classe. L'introduction de ces pavillons hospitaliers n'a pu être l'œuvre d'un seul homme en particulier. Primitivement inspirés par l'expérieuce des Européens, ils furent élevés sur tous les points du pays, sous la direction de divers officiers du corps médical, quelques-uns par ordre du chirurgien général, les autres par celui des commandants locaux. Les nécessités du service et l'expérience croissante suggérèrent de nombreuses améliorations progressives, et vers le commencement de l'été de 1864, une circulaire émanée du département de la guerre prescrivait l'uniformité pour un certain nombre de points essentiels. Tracer cette évolution graduelle de la construction des hôpitaux n'entre pas naturellement dans notre cadre, mais comme la circulaire du 20 juillet 1864 donne en peu de mots une idée du système arrivé à son complet développement, nous allons la reproduire (1) :

(1)   Département de la guerre, le 20 juillet 1864.

Les instructions suivantes sont publiées pour servir de guide aux officiers chargés de la construction des hôpitaux généraux: on ne devra s'en écarter que dans les cas d'impérieuse nécessité. Les bâtiments ne seront admis et occupés pour le service hospitalier qu'après un sérieux examen et l'approbation d'un inspecteur médical désigné pour cet office; et tous les changements seront faits suivant les plans qu'il fournira et qui auront été approuvés par le chirurgien-général.

E.-M. STANTON.
Secrétaire de la guerre.

Situation. — L'Hôpital devrait être situé sur une plaine bien sèche, avec un sous-sol de gravier, et d'une étendue suffisamment proportionnée aux constructions à élever. La position devrait être élevée ; aussi éloignée que possible de marais ou autres causes de fièvre, et pouvant fournir une quantité suffisante d'eau pure.

Plan. — Les hôpitaux généraux seront construits d'après le principe des pavillons détachés ; chaque salle ayant un bâtiment séparé, avec des lits pour 60 malades. Outre les salles, il y aura des bâtiments détachés pour chacun des services suivants : bâtiment de l'administration générale, salles à manger et cuisines pour les malades, salles à manger et cuisines pour les officiers, buanderie, magasin du commissaire et du quartier maître, magasin des havre-sacs, corps de garde, batiment pour les morts, quartiers pour les infirmières, chapelle, salle d'opération, écurie. Les salles, le bâtiment de l'administration, les cuisines, les réfectoires et la chapelle seront reliés par des promenades couvertes qui auront des planchers, mais qui ne seront pas fermées sur les côtés.

Aucun plan général pour la disposition des batiments ne peut être tracé, puisque la conformation variable et les dimensions des terrains ne permettent pas de s'attacher à un plan uniforme. Les salles pourront être disposées « en échelon » sur deux lignes convergentes formant un V, — dans ce cas, le bâtiment de l'administration serait à la pointe du V, les autres bâtiments entre les branches ; ou comme les rayons partant du contour d'un cercle, d'une ellipse ou d'une circonférence allongée ; — dans ce cas le bâtiment de l'administration serait un des rayons, les autres seraient dans l'enceinte ; ou bien parallèlement les uns aux autres ; — dans ce cas le bâtiment de l'administration serait au centre de la ligne, les autres seraient en arrière. D'autres dispositions pourraient être rendues nécessaires par la configuration spéciale des terrains. Dans chaque cas, les points importants à observer sont de placer les bâtiments assez éloignés l'un de l'autre (trente pieds au moins doivent exister entre deux batiments parallèles), et de les disposer de façon à ce qu'aucun ne soit un obstacle à la ventilation de l'autre. Il est préférable de placer les salles de telle façon que leur grande dimension soit dirigée du nord au sud, ou aussi près que possible.

Chaque salle sera un pavillon se ventilant par la toiture et ayant

187 pieds sur 24. A chaque extrémité, deux petites chambres de 9 pieds sur 11, une de chaque côté avec un passage de 6 pieds entre elles, seront séparées du reste de la salle. Il restera pour les malades un espace de 165 pieds sur 24 (*Voir figure 1 a*), qui donne la place des lits et la position des portes et fenêtres. Les petites chambres seront occupées comme il suit : *Figure 1, a,* chef des infirmiers; *b,* cabinet pour les médicaments, etc.; *c,* salle de bains; *d,* cabinet, pour chaises percées.

Les salles auront 14 pieds de haut du plancher au bord du toit. La pente de la toiture variera avec les matériaux entrant dans sa composition. Le plancher sera élevé au moins de 18 pouces au-dessus du sol, avec une libre ventilation au-dessous de lui. Une salle ainsi construite sera disposée pour 60 malades, qui auront chacun un espace d'air d'un volume de mille pieds cubes. Le nombre des salles sera réglé par le nombre de malades que l'hôpital devra contenir. Un hôpital de 1200 lits demandera 20 salles.

Bâtiment de l'administration. — Pour un hôpital de 600 à 1200 lits, il y aura pour l'administration un bâtiment ventilé par le haut de 38 pieds sur 132, et élevé de deux étages ; le premier aura 14 pieds et le second 12 pieds de hauteur dans ses œuvres. Ce batiment contient le bureau général, le bureau du chirurgien en chef, la lingerie et des magasins de dépôts, la pharmacie, le bureau du chapelain, des appartements pour les officiers, etc.

Réfectoires et cuisines pour les malades. — Le réfectoire sera un bâtiment ventilé par le haut, assez grand pour qu'il y ait un nombre de places égal aux deux tiers du nombre des lits. La forme la plus convenable est un long parallélogramme; au centre de l'un des grands côtés s'ouvre la cuisine: celle-ci sera divisée en deux parties inégales, la plus grande pour la préparation du régime ordinaire ; la plus petite pour celle du régime extraordinaire ; cette préparation sera faite sur des fourneaux. Dans les endroits, où il y aura des machines à vapeur, la vapeur sera avantageusement utilisée pour faire bouillir de l'eau.

Réfectoire et cuisine pour les officiers. — Un petit bâtiment pour cet objet sera construit près du bâtiment de l'administration.

Buanderie. — Un batiment de deux étages, avec logements pour les blanchisseuses au second. Le toit sera plat avec des poteaux pour étendre le linge.

Magasin de dépôt du commissaire et du quartier-maître. — Un petit bâtiment de deux étages, muni de caisses et de tablettes pour les divers objets de nourriture, avec une glacière pour la conservation de la viande et des autres substances pouvant se gâter ; plus un magasin d'habillement. Le second étage contient des logements pour les cuisiniers.

Magasin des havre-sacs. Un magasin pour recevoir les effets des malades pendant leur séjour à l'hôpital : il contiendra un nombre de cases de deux pieds carrés égal au nombre de lits de l'hôpital.

Corps de garde. — Un bâtiment détaché pour la garde, avec un corps de garde pour les détenus.

Salle des morts. — Un petit bâtiment contenant deux salles, disposées de façon à ne pas être vu des salles et éclairé par un toit vitré.

Quartiers des infirmières. — Un bâtiment détaché contenant des chambres, un réfectoire, et une cuisine pour les infirmières.

Chapelle. — Un bâtiment détaché disposé pour les services religieux, et installé aussi pour pouvoir servir de bibliothèque et de salon de lecture.

Salle d'opération. — Deux salles, chacune de 15 pieds carrés : l'une bien éclairée par le toit, l'autre par les fenêtres. La première, pour les opérations chirurgicales, la seconde pour la délivrance des congés, etc. — Elles seront situées près du bâtiment de l'administration.

Ecurie. — Pour les ambulances et les chevaux d'officiers.

Approvisionnement d'eau. — Dans les endroits où ce sera possible, un vaste réservoir sera construit et continuellement rempli d'eau de source ou de puits élevée par des pompes mues à la vapeur. La machine à vapeur sera placée, si c'est possible, près de la cuisine et de la buanderie ; dans ce cas, la vapeur pourra être employée au service culinaire, et la force motrice servira à mettre en mouvement les appareils de blanchissage et les calandres.

Latrines. — Quand la quantité d'eau est suffisante, des cabinets d'aisance peuvent être établis dans une des petites pièces de chaque salle ; mais s'il n'en est pas ainsi, des lieux d'aisance seront construits à une distance convenable des salles, et ils seront munis de baquets bien étanchées, qui seront vidés toutes les nuits.

Ventilation. — Pendant les chaleurs de l'été et un temps doux, les salles seront ventilées au moyen du toit *(Fig. 3.)* mais durant l'hiver le toit sera fermé *(Fig. 2.)* et on substituera la ventilation par des souches de cheminées. Quatre poëles seront distribués pour une salle; chacun d'eux sera en partie enveloppé par une clôture de zinc ou de tôle, et un conduit d'air viendra s'ouvrir au dessous d'elle pour fournir de l'air frais. A 8 pieds du toit sera une souche ou plutôt un chapiteau à travers lequel montera le tuyau du poële. La figure 2 donne une coupe et la figure 4 une vue de côté de cette disposition. La souche aura 18 pouces carrés et ne descendra pas au-dessous de la charpente.

Peut-être que la description d'un grand hôpital à pavillons fera mieux connaître que la circulaire précédente le caractère et l'étendue de ces établissements. Aussi donnerons-nous ici la description de l'hôpital Lincoln, un des hôpitaux de Washington. Cet hôpital a été construit à la fin de 1862, et occupé en janvier 1863. Les plans originaux pour sa construction ont été fournis au bureau du chirurgien général, par M. J.-J. Woodward, chirurgien-major adjoint. Plusieurs modifications et perfectionnements ont cependant été successivement introduits par les chirurgiens en chef qui s'y sont succédés.

La description suivante en a été faite par le chirurgien Lt-colonel breveté J. C. McKee, qui a fonctionné comme chirurgien en chef pendant longtemps à l'armée des Etats-Unis.

L'hôpital Lincoln, à Washington, est situé à un mille à l'est du Capitole, dans une plaine, légèrement ondulée, sans culture, sans arbres. A l'est et au sud de l'hôpital, le terrain descend vers la branche Est du Potomac, qui est distant d'un demi mille. Le sol est

une terre glaise légèrement sablonneuse, recouvrant un lit profond
de gravier. L'hôpital couvre une superficie de terrain de 30 acres, et
consiste en 20 pavillons séparés servant de salles, disposés en échel-
lons de façon à figurer la lettre V, *(V. Fig. 5.)* le sommet de cette
lettre est tourné vers l'ouest, le bâtiment de l'administration occupe
le sommet de ce V. Les bâtiments pour les cuisines , réfectoires ,
etc., sont compris dans l'espace limité par les côtés de cette lettre. Le
tout est entouré par une palissade de 5 pieds de haut, entre laquelle
et les salles est un espace vide pour les charrois.

Les *salles* sont des pavillons-baraques, construites en planches
raboteuses, peintes en blanc, avec des toits en planches couvertes
de papier goudronné ; elles sont au nombre de 20, dix sur chaque
branche du V. Chaque salle a 187 pieds sur 24, 16 pieds jusqu'au
bord du toit, et 20 jusqu'à l'arête ; c'est par le toit et dans toute la
longueur de la salle qu'a lieu le mode habituel de ventilation. Un
crépis en plâtre recouvre l'intérieur jusqu'à une hauteur de 8 pieds
au-dessus du plancher. A l'extrémité ouest de chacune d'elles sont 4
chambres, occupant 15 pieds de long. Elles servent pour le linge, les
bains, les infirmiers et les latrines. Chaque salle contient 34 fenêtres
et 4 portes, une à chaque extrémité et deux au milieu, en face l'une
de l'autre. Quatre grillages pour ventilation placés à des distances
régulières dans le plancher de la salle, communiquent avec l'air
extérieur par des tuyaux en bois placés sous le plancher, et donnent
ainsi une ample quantité d'air frais, toutes les fois que le temps
oblige à fermer les portes et les fenêtres. Avec 62 malades il y a pour
chacun d'eux 72 pieds carrés de plancher et 1447 pieds cubes d'air.
31 lits sont placés de chaque côté, avec une chaise et une table de
nuit entre chaque paire. Un espace de 11 pieds existe entre les deux
rangées de lits. Les salles sont éclairées pendant la nuit par des
lampes, et chauffées en hiver par des poêles. Sur le côté intérieur
des deux ailes de l'hôpital, et suivant la longueur toute entière de
chacune d'elles règne une galerie couverte ou corridor, dans lesquels
on a construit un chemin de fer de deux pieds de large sur 2156
pieds de long. Des caisses montées sur des roues apportent les aliments du centre et des cuisines jusqu'à chaque salle.

Le *bâtiment de l'administration* est au sommet du triangle; il a
184 pieds sur 37, 22 pieds jusqu'au faîte et 16 jusqu'aux bords du

toit. Un corridor large de 8 pieds, occupe toute la longueur du premier étage. Du côté gauche de ce corridor, sont les pièces suivantes :
bureau du chirurgien en chef, 14 pieds sur 14; bureau de l'adjoint
militaire, 11 sur 14 (deux commis); bureau principal, 56 sur 14 (14
commis); bureau de l'imprimerie, 19 sur 14 (deux hommes); magasin
du quartier-maître pour les effets d'habillements, etc., 44 sur 14,
(2 commis), chambre du surveillant des salles, 13 1[2 sur 14: chambre de bains, 4 3/4 sur 14, bureau de poste, 7 sur 14 (directeur des
postes et un adjoint), De l'autre côté du corridor, et à droite de la
porte, sont : le bureau de l'officier de service, 15 sur 14; le bureau
de l'officier de garde, 11 sur 14 (4 commis); le bureau des archives
chirurgicales, 11 sur 14 (1 commis) ; le cabinet particulier du chirurgien en chef, 12 1/2 sur 13; le bureau de l'inspecteur médical,
11 sur 14; la lingerie, 66 sur 14; tous les effets d'habillement et
toute la literie sont envoyés de la buanderie à cette pièce, et là ils
sont distribués aux divers chefs de salle; un commis et quatre femmes sont employés dans la lingerie, les dernières sont pour le ra-
commodage. Le magasin des médicaments, 11 sur 14, est contigu à
la pharmacie, et sert pour les approvisionnements de réserve. La
pharmacie, 25 sur 14, emploie habituellement quatre hommes ; c'est
là que sont préparés les médicaments pour tout l'hôpital sous la
direction d'un économe d'hopital. Enfin, le laboratoire, qui touche à
la pharmacie, a 22 pieds sur 14: on y prépare les teintures , les
onguents, les emplâtres.

Au second étage du batiment de l'administration est la salle des
havre-sacs, 111 pieds sur 37. Les effets, équipements, etc., des malades entrant à l'hôpital sont déposés dans cette salle pour y être
gardés. Là sont employés deux hommes, qui reçoivent les objets
déposés, y mettent une étiquette, font un reçu pour le dépositaire,
et les rendent quand le malade sort. Il y a là 2184 casiers rangés
parallèlement et allant du plancher au plafond. A côté de la salle
des havre-sacs est la chambre des hommes du service extraordinaire,
55 sur 37, servant de chambre à coucher pour les hommes employés à un service extraordinaire, et la chambre des commis, 25
sur 23 pieds, servant pour le même objet aux commis du bureau
principal.

Dans le triangle formé par deux ailes, et à l'est du bâtiment de l'administration, se trouve le *réservoir* établi sur une plate-forme de 25 pieds de haut, et contenant 12,000 gallons d'eau. Il est approvisionné par un puits situé sous la machine à vapeur, et l'eau y est introduite par cette machine qui met en mouvement tout l'outillage de la buanderie. Ce bassin fournit à chaque salle par le moyen de tuyaux. Il y a encore dans l'enceinte de l'hôpital quatre autres puits, qui servent pour boire et pour les usages culinaires.

A vingt yards à l'est du réservoir est la buanderie, 64 pieds sur 24. Le bâtiment est dirigé de l'est à l'ouest; il a deux étages et une plate-forme pour sécher le linge sur le toit. Sept hommes et douze femmes sont employées dans ces diverses parties. Le lavage est fait au moyen de la vapeur, ainsi que le séchage et le repassage. En moyenne on lave 5000 pièces par jour; on a pu aller jusqu'à 7000.

Au premier étage de la buanderie est l'appareil de lavage, consistant en une calandre, une chaudière à vapeur, un tambour tournant pour tordre le linge, des caisses pour le rincer, un rouleau et une table pour repasser; au second étage est la chambre de séchage à la vapeur; elle a 36 pieds sur 12 1/2. C'est une annexe aux appareils du séchage installés sur le toit. Au premier étage, se trouve séparé par une cloison du reste de la buanderie, un dortoir pour les femmes, 22 pieds sur 24, une cuisine, 9 1/2; un réfectoire, 9 1/2 sur 18.

La machine est dans un bâtiment situé à l'est de la buanderie; elle est de la force de 6 chevaux, et emploie un mécanicien et un aide. Elle fournit la force motrice pour le réservoir comme pour la buanderie. Le puits qui alimente le réservoir a 40 pieds de profondeur et habituellement 4 pieds d'eau ; son diamètre est de 6 pieds. La pompe à vapeur peut élever 2,000 gallons d'eau par heure.

Le bâtiment servant au *logement des sœurs* a 23 pieds sur 51, avec une aile de 16 sur 28, formant la lettre L. Il renferme une chapelle, un salon, une cuisine, etc. Vingt-huit sœurs de charité ont été en service, et le rapporteur rend hommage à leurs bons services et à leur supériorité comme infirmières. La cuisine du régime extraordinaire est confiée aux soins d'une sœur, et la supérieure en désigne une pour chaque salle. Elles administrent les médicaments, distribuent les aliments et les stimulants ; elles sont sous les ordres du chirurgien de la salle, et ne sont responsables qu'envers lui. Elles ont été aimées et respectées par les hommes.

Le *quartier des commis* aux vivres est à 18 pieds au nord de la machine ; il a deux étages et contient un réfectoire , une cuisine , des chambres, etc. Cinq commis occupent en général ce bâtiment.

La *salle d'opérations* est à 25 pieds à l'est de la machine. Elle a 17 pieds carrés, et est éclairée par un ciel ouvert percé sur le côté nord du toit. Une table mobile sur un pivot est situé au centre de la salle ; il y aussi une armoire pour les instruments, les éponges, le microscope, etc, avec un évier dans l'angle nord-ouest. Une *salle pour les expériences* est à côté : elle a 17 pieds 7 pouces carrés , et elle communique par un corridor avec la salle d'opérations.

La *cuisine* du régime extraordinaire est dans le même local que la cuisine ordinaire. Elle a 18 pieds sur 24 ; elle renferme un fourneau européen de Harrison , ayant 8 pieds de longueur, 3 pieds 6 pouces de profondeur. Uue salle de 18 pieds sur 12 lui est annexée au sud. Cette cuisine est sous la direction d'une sœur, qui généralement est aidée par 4 ou 6 hommes.

La cuisine ordinaire a 77 pieds sur 24. Elle contient un fourneau de 28 pieds 10 pouces de long sur 3 pieds 2 pouces de large ; trois fours à rôtir de Peters et Johnson , deux chaudières pour le thé et le café , chacune d'une capacité de 120 gallons ; cinq chaudières ou chaudrons pour la soupe ou les hachis (60 gallons chaque), et deux pour l'eau bouillante (une de 60 gallons, l'autre de 22). C'est dans cette cuisine qu'est préparé le régime ordinaire de tous les hommes de l'hôpital.

Dé chaque côté de la cuisine , dans la direction du nord-sud, sont les *réfectoires* ayant chacun 146 pieds sur 24, avec trois tables occupant toute leur longueur, et pouvant donner place à 860 hommes. A l'extrémité de chaque salle, une porte s'ouvre sur un corridor, et une promenade couverte qui permet aux malades d'être abrités contre les mauvais temps quant ils viennent prendre leurs repas. Des chariots, portant des ustensiles en métal , circulent le long des corridors et portent dans chaque salle les aliments à ceux qui ne peuvent venir au réfectoire. Dans l'angle nord-ouest de la cuisine est une salle de 30 pieds de long , 14 de large et 11 de hauteur, servant pour laver la vaisselle , torréfier le café, etc.; 40 à 50 hommes sont habituellement employés aux divers services de la cuisine.

En face le centre du réfectoire situé au nord et à 30 pieds à l'ouest, se trouve le *magasin de la pompe à incendie* et de son matériel, 26 pieds sur 20 ; il contient une pompe à incendie , un chariot portant 1850 pieds de tuyaux , 34 échelles , 22 crampons , 278 hâches et 300 seaux.

A 13 pieds au sud de la cuisine est le *magasin des vivres*, 14 1/2 pieds sur 23. Au centre est un magasin pour la glace, ayant 3 1/2 pieds sur 14 1/2 et 4 pieds de profondeur. La quantité de glace allouée par jour et par homme est d'une livre.

A l'est de la cuisine, à laquelle il est relié par un chemin couvert, est le *bâtiment du commissaire*, qui est élevé de deux étages ; l'étage supérieur sert à loger les domestiques ; l'étage inférieur, est employé comme magasin de dépôt par le commissaire, et sous la direction d'un commissaire des vivres ; il a 82 pieds sur 23 1/2.

Dans l'angle nord-est, est le magasin de liqueurs , 8 1/2 sur 13 , soigneusement plancheié et défendu contre les maraudeurs. Les liquides ne sortent de ce magasin que sous les ordres des chirurgiens des salles. Le magasin des légumes est dans l'angle nord-ouest ; il à 9 pieds sur 13 1/2. Un bureau ayant 9 pieds sur 15 1/2 touche au magasin des liqueurs ; c'est là que sont renfermés les livres et les comptes. Le magasin de dépôt contient un comptoir de 52 pieds 1/2 de long, et occupe un commis aux vivres, un écrivain et deux hommes. A l'extrémité sud-est, le magasin de pain , 14 1/2 sur 23, qui emploie deux hommes à couper le pain pour les tables. A l'est, est la boulangerie , 14 sur 23 1/2. Le four a 10 pieds sur 16.

La *chapelle* est située à 63 pieds Est du magasin du commissaire. Elle a la forme de la lettre **T** , est élevée d'un étage surmonté d'une coupole. Le bâtiment principal a 24 pieds sur 78. L'extrémité nord sert, pendant la semaine, de salon de lecture. L'aile gauche , 18 pieds sur 26 , sert de bibliothèque ; elle contient 3,000 volumes, donnés à l'hôpital par divers donateurs. L'aile droite à la même étendue et elle sert d'école pour les affranchis employés dans l'hôpital , qui reçoivent l'instruction de deux professeurs femmes.

Le *magasin du cantinier*, 24 sur 68 , est 30 pieds au sud de la chapelle. Les *écuries* , 25 sur 101 pieds , sont à 72 pieds à l'est du magasin du cantinier : elles renferment 18 chevaux , 3 fourgons , 3 ambulances , 3 voitures et une voiture de nuit. Treize hommes sont employés comme valets d'écurie , cocher, etc. A 121 pieds au nord-est des écuries , est le *corps-de-garde* , 15 pieds sur 47, élevé d'un étage. Au sud-est de ce bâtiment, est le *magasin de l'huile* et le *quartier des affranchis* , 29 sur 69 pieds ; le magasin de l'huile et des lampes est dans la partie nord. L'huile est employée pour le luminaire de tout l'hôpital , et toutes les lampes sont nettoyées et remplies dans ce magasin. Un caporal et deux hommes y sont employés.

A 91 pieds au sud-est du magasin d'huile , est la *maison des morts* , 15 pieds sur 40. Elle est divisée en deux salles : celle du nord , sert pour les autopsies ; celle du midi , pour les moulages en plâtre, etc. A 32 pieds sud-est de cette salle , est la *galerie photographique,* 16 pieds sur 24. Un opérateur aux appointements de 100 livres par mois, y est employé. Les cas de chirurgie , les spécimens pathologiques , etc., y sont photographiés , ainsi que les portraits de tous les hommes congédiés comme incapables de servir, sur les certificats des médecins , afin de se prémunir contre la fraude.

Sur la grande base du triangle sont les *logements des officiers de santé*, 63 sur 24, élevés de deux étages; sur la même ligne se trouve le *quartier du corps des vétérans de réserve*, bâtiment de deux étages , avec un escalier extérieur pour monter au second.

A 90 pieds en arrière , sont dressées 100 tentes hôpital , placées quatre par quatre à la suite les unes des autres , ayant une solide charpente , avec des planchers élevés au-dessus du sol , et une porte à l'extrémité de chaque charpente. Les côtés de ces tentes peuvent toujours facilement se soulever et donnent le meilleur système de ventilation ; quelques-unes de ces tentes ont été choisies pour y placer les malades atteints de grangrène , et avec les meilleurs résultats. En hiver, chaque salle était chauffée par deux poëles, dont les tuyaux venaient aboutir au centre à une souche de cheminée Chaque salle de quatre tentes contenait 20 lits. La longueur de la palissade de clôture de l'hôpital est de 1,458 yards. La distance des tentes à la base de cette clôture est de 124 pieds. Des latrines sont disposées tout le long de la ligne de clôture. Elles sont munies de baquets mobiles qui étaient régulièrement vidés et enduits de chaux. La police était faite par un escouade d'environ 20 affranchis. L'hôpital pouvait loger 1,240 malades dans 20 salles ; sa contenance totale, en janvier 1865, était de 2,575 lits , comprenant ceux des tentes et ceux des baraques supplémentaires, situés à une petite distance de là (1).

L'hôpital d'Harowood, à Washington, a été construit sur un plan à peu près semblable à celui de l'hôpital Lincoln. L'hôpital général d'Hampton, près de la forteresse Monroë, était aussi composé de salles disposées en échelons de manière à former un V, mais elles ne se recouvraient pas les unes les autres comme celles des deux hôpitaux précédents. L'hôpital de Lookout-Point, dans le Maryland, de Jeffersonville, dans l'Indiana, et l'hôpital de Sedgwick, à Greenville, près la Nouvelle-Orléans, peuvent être cités comme des exemples de constructions dans lesquelles les salles rayonnaient de la circonférence d'un chemin couvert circulaire. Une idée de ce genre de construction peut être donnée par la courte description suivante de ce dernier hôpital, tirée du rapport d'inspection de l'inspecteur-médical E.-P. Vollum, de l'armée des Etats-Unis, en date du 10 juillet 1865.

L'Hôpital de Sedgwick est à Greenville, environ à 7 mille au-dessus de la Nouvelle-Orléans, sur la rive orientale du Mississipi. Le site est plat, et va en s'inclinant de la rivière aux terrains marécageux situés entre le Mississipi et le lac Pontchartrain. Le sol est un alluvium noir et fertile. Son étendue est de 30 acres environ, qui, depuis un grand nombre d'années, ont été cultivées et plantées. A présent, c'est un beau jardin pouvant suffire à tous les besoins de l'Hôpital. Une grande partie du terrain est ombragée par de splendides chênes, des orangers, des myrtes et tous les arbustes en fleur particuliers à la latitude. L'Hôpital communique avec la rivière

---

(1) Cet hôpital a été ouvert le 23 décembre 1862, et fermé le 22 août 1865. Pendant cette période, le mouvement des malades a été le suivant : 8,801 blessés, 12,578 fiévreux et 3,565 rentrés de congé ou après désertion, au total, 24,944. En excluant ceux envoyés aux autres hôpitaux, sur 10,817 résultats connus, on compte 1060 morts, ou 9,7 pour 100.

par une belle route, et des chemins extérieurs et des promenades
relient les divers bâtiments et circulent au milieu des bouquets
d'arbres. L'Hôpital est composé de 15 salles pavillons à un étage,
ayant chacune 145 pieds snr 24, d'un bâtiment de l'administration,
145 pieds sur 40, rayonnant de la circonférence d'un chemin couvert circulaire, dans le centre duquel sont des bâtiments pour les
cuisines, etc., etc. Cette disposition est représentée par la *Figure* 6,
dans laquelle la partie qui regarde le haut de la page est tournée du
côté de la rivière.

En dehors du cercle, à des distances convenables, sont des bâtiments détachés pour la chapelle, les quartiers des cuisines et des
infirmiers, la buanderie, l'usine à gaz, le four, le bâtiment des
morts, le réservoir et les écuries.

Tous ces bâtiments sont construits en planches, plantées debout,
les toits couverts en bardeaux, et ouverts au sommet pour la ventilation. Ils sont élevés de trois pieds au-dessus du sol sur des massifs
en brique. Les chemins couverts qui relient les bâtiments ont douze
pieds de large. Les salles ont deux petites pièces séparées à chacune
de leurs extrémités, laissant au centre un espace de 115 pieds sur
24, destiné aux malades. Il y a deux lits entre chaque paire de
fenêtres, seulement, le nombre des lits est au dessous de 40 dans
chaque salle. Ces dimensions donnent à chaque malade un espace
d'environ 69 pieds carrés et une quantité d'air égale à 1200 pieds
cubes. Trois des petites salles mentionnées plus haut servent aux
infirmiers pour dormir. La quatrième, qui est une de celles placées
à l'extrémité la plus en dehors de chaque salle, est divisée en salle
de bains et cabinets d'aisance. Le bâtiment de l'administration a
deux étages; il contient le bureau, la pharmacie, la salle de réception, les logements, les réfectoires des officiers, etc. La cuisine
est représentée dans un plan qui montre sa disposition. (1) Le bâtiment a 80 pieds sur 30. Il y a un appareil culinaire breveté avec
chaudière, etc., et une table à découper où les marmites sont chauffées
par la vapeur. Il y a aussi un fourneau de Myers, Sandford, Wins-
low et Cᵉ, n° 10, pour la préparation du régime extraordinaire et
pour le rôti. Le chemin de fer sur lequel courent les chariots qui

(1) *Voir* page 161.

vont distribuer les aliments aux salles, passe au milieu de la cui
sine. Cette cuisine est signalée par l'inspecteur médical Vollum,
comme s'étant présentée à lui dans de bonnes conditions au moment
de ses visites. La buanderie est située sur le bord de la rivière;
elle est munie d'une machine à laver à vapeur, capable de suffire
au service de 1500 malades. L'eau pour laver est tirée d'un réservoir placé sur le bord de la rivière, capable de contenir 320,000
gallons ; l'eau est transportée par des tuyaux de ce réservoir au
bâtiment de l'administration, aux salles, à la cuisine, aux réfectoires et à la salle des morts. Comme eau potable, on recueille l'eau
de pluie dans une citerne centrale, qui contient 150,000 gallons,
et dans des citernes plus petites contenant chacune 10,000 gallons,
et placées à l'extrémité de chaque salle.

L'eau pour ces citernes est recueillie sur les toits des bâtiments
au moyen de gouttières et de tuyaux en zinc. Pour l'écoulement
des eaux, les terres sont inclinées du centre vers la circonférence
avec une pente de un pouce par 10 pieds ; l'eau de la surface coule
à la périphérie dans des égouts en briques, qui reçoivent aussi par
des tuyaux les matières écoulées des lieux d'aisance, de la cuisine, etc.
Ces divers égouts se réunissent à un tronc commun, par lequel
toutes ces matières sont transportées au loin derrière l'Hôpital,
dans les terrains marécageux qui s'écoulent dans le lac Pontchartrain. Les lieux d'aisance dans tout l'Hôpital sont munis de sièges
brevetés et leurs matières tombent dans des réservoirs en briques
enduits de ciment et construits sous le plancher. Ces réservoirs, qui
sont d'un assez grand volume, communiquent avec les égouts dans
lesquels s'écoulent tous les autres liquides. L'Hôpital est chauffé
par des poêles à charbon, et éclairé par le gaz qui est fabriqué sur
les lieux (1).

(1) Cet hôpital a été ouvert pour recevoir les malades le 1er avril 1865.
Au 31 octobre, qui est la date du dernier rapport, il restait encore en
raitement 97 fiévreux et 8 blessés. Antérieurement le nombre des admis-
sions de soldats blancs était de 2163, dont 1869 fiévreux et 474 blessés.
Le nombre des malades évacués sur les autres hôpitaux généraux était
de 673. En déduisant ce nombre et les restants, les 1385 cas dont les résultats sont connus comprennent 90 morts, soit 6,5 pour 100.

Parmi les hôpitaux les plus récemment construits, il y a
à mentionner l'hôpital de Hick, à Baltimore.

L'hôpital de Hick est situé dans le prolongement de la rue
Townsend, dans les faubourgs ouest de Baltimore, près de
l'enceinte de la ville. Il a été ouvert pour recevoir les malades le 9 juin 1865, et il est maintenant l'un des hôpitaux les
plus récemment construits. Le plan était, dans ses points
essentiels, la forme circulaire que nous avons déjà décrite,
mais une foule de perfectionnements importants et d'addi-
tions ont été faits par le chirurgien Thomas Sim, sous la
surveillance duquel les détails du plan furent préparés. Le
projet original avait en vue un hôpital circulaire, construit
d'après les indications du département de la guerre, avec
36 salles disposées en rayons, et pouvant contenir chacune
60 malades. L'approche de la fin de la guerre empêcha
d'exécuter ce plan, et l'hôpital, tel qu'il est, est un demi
cercle, dans lequel les salles rayonnent de la circonférence
d'un chemin couvert, comme le montre la *Figure* 7.

Quoi qu'il en soit, c'est un des hôpitaux les plus complets
qui aient été construits pendant la guerre, tant sous le rapport du caractère de solidité de ses bâtiments que sous le
rapport du soin qu'on a mis à y introduire de nombreuses
et heureuses dispositions.

Les salles sont construites et ventilées comme l'indique la circulaire du département de la guerre. Le bâtiment de l'administration
a 132 pieds sur 38 et est élevé de deux étages ; le premier étage
contient des bureaux pour le chirurgien en chef, l'officier chargé
de l'exécution, le quartier-maître, le commissaire et leurs commis;
il renferme aussi la bibliothèque de l'hôpital et l'imprimerie. Au
second étage sont des chambres pour les officiers. De chaque côté
de ce bâtiment, on en trouve un plus petit, 70 pieds sur 28, dont
l'un contient la lingerie et le bureau de poste, avec le réfectoire
des officiers, la cuisine et la dépense. L'autre contient la pharmacie, le magasin des médicaments, la salle du bureau des réformes,

et une salle d'opérations éclairée par un ciel ouvert. Le bâtiment servant de réfectoire a 187 pieds sur 48; il est élevé de deux étages. Le réfectoire qui est au premier étage peut permettre à 1,200 malades de s'asseoir. Le second étage, auquel on arrive par des escaliers extérieurs, est occupé par la chapelle et par des dortoirs pour les infirmières. A l'extrémité du réfectoire est un bâtiment en forme de T pour la cuisine et la buanderie. La cuisine commune, la cuisine pour le régime extraordinaire et la boulangerie occupent des salles séparées. Les deux premières contiennent chacune un fourneau approprié à sa destination et des appareils à vapeur ; la dernière renferme deux fours. La buanderie a une salle séparée pour le séchage à vapeur, et touche à la salle de la machine qui est à l'extrémité du bâtiment. Il y a, outre ce qui précède, des bâtiments séparés pour la salle des havre-sacs, le magasin de dépôt du quartier-maître, celui du commissaire, le quartier des officiers mariés. Les bâtiments sont enduits de plâtre en dedans, éclairés par le gaz, chauffés en hiver par des poêles et reçoivent leur approvisionnement d'eau par des tuyaux qu'alimentent les eaux de la ville ; outre cela, il y a un réservoir destiné à contenir une grande quantité d'eau en cas d'incendie. Il y a pour éteindre le feu une grande quantité de manches pouvant s'adapter à une pompe. Il y a aussi des seaux, des haches, etc. A l'extrémité la plus éloignée de chaque salle, sont : une salle pour se laver, une salle de bains et des lieux d'aisance. Chaque salle de bain renferme un petit poêle avec une chaudière pour fournir de l'eau chaude. Dans les lieux d'aisance, les déjections sont reçues dans des auges, où passe un courant d'eau, et qui sont vidées plusieurs fois par jour en ouvrant un robinet. Les matières s'écoulent dans des égouts construits pour cet objet, qui transportent toutes les matières nuisibles loin de l'Hôpital. Un très joli modèle de cet hôpital, en bois de houx, a été donné par le chirurgien Sim au muséum médical de l'armée (1).

(1) Cet hôpital qui n'a été ouvert que le 9 juin 1865, avait reçu à la date du dernier rapport (30 novembre), 1247 malades dont 984 fievreux et 263 blessés : sur 761 terminaisons connues, on comptait 44 morts, soit 5.7 pour 100.

Tous les hôpitaux décrits ci-dessus étaient situés près de la base des opérations militaires, et, par conséquent, recevaient plus de cas graves que ceux qui en étaient éloignés. On pourrait prendre comme exemple d'un des hôpitaux les plus éloignés, l'hôpital de Lowell, à Portsmouth-Grove, baie de Narraganset (1).

En comparant les statistiques des hôpitaux dans les diverses parties du pays, on est frappé par ce fait, que le nombre des hommes retournés au corps et le rapport des morts au nombre de cas dont on connaît la terminaison, est plus grand dans les hôpitaux les plus rapprochés du théâtre de la guerre. D'un autre côté, le nombre des réformés comme incapables de servir, et de ceux qui ont passé au corps de réserve des vétérans, est plus grand dans les hôpitaux éloignés. Ces faits, qui résultent naturellement de la réception des cas aigus dans les hôpitaux les plus rapprochés, et des évacuations fréquentes de ces hôpitaux à ceux plus éloignés, doivent être pris en considération dans toutes les comparaisons faites entre le résultat du traitement dans les divers établissements.

Pour donner une idée de la vaste étendue du système hospitalier qu'on a dû installer, nous présenterons ci-après la récapitulation des hôpitaux généraux existant en septembre 1864. Ce système avait à cette époque son maximum de développement; il comprenait 202 hôpitaux généraux et 136,894 lits pour les malades. Le nombre des lits fut graduellement diminué jusqu'en janvier 1865 où il était

(2) Cet établissement qui comprenait 38 belles salles en bois, situé sur une langue de terre s'avançant dans la baie, fut ouvert en juillet 1862 et fermé le 10 octobre 1865. Pendant cette période, il a reçu 11,696 soldats blancs, dont 8491 fiévreux, et 3205 blessés. Parmi eux, 2461 ont été évacués sur d'autres hôpitaux; il reste dont 9235 cas dont les résultats sont connus, et parmi lesquels sont compris 276 morts, soit 2,9 pour 100.

de 121,000, et ce nombre fut à peu près conservé jusqu'à la fin de la guerre (1).

Récapitulation.

Région Atlantique................ .	93 hôpitaux	78,560 lits.
Région centrale	107 »	58,266 »
Région du Pacifique............... ...	2 »	68 »
Total.......... ,.	202 hôpitaux	136,894 lits.

La description que nous venons de reproduire, de chacun des grands hôpitaux est complétée, dans le rapport, de tableaux statistiques très précis et convenablement détaillés, présentant le mouvement des entrées et des sorties depuis le jour de leur ouverture. Leurs chiffres indiquent d'excellents résultats comme terminaison des maladies, mais ils ne sont pas plus favorables que ceux fournis par la statistique générale de tous les hôpitaux de l'armée.

En faisant les corrections nécessitées à cause des évacuations d'hôpital à hôpital, on constate encore que plus d'un million de malades ont été traités dans les hôpitaux généraux pendant les quatre années de la guerre , et que *le chiffre de la mortalité* (en réunissant les décès par suite de blessures et de maladies) *a été seulement de 8 pour 100 ou de 1 sur 12 malades*. Un tel fait d'observation n'échappera à l'attention de personne, que les résultats de la pratique des médecins américains ont été beaucoup plus avantageux que ceux généralement obtenus en Europe dans les guerres antérieu-

---

(1) Le plus grand nombre de ces établissements n'étaient que d'une faible contenance de 50 et même de 24 et de 20 lits, tels que ceux de Beaufort, de Little-Rock et de Louisville, jusqu'à 500. Trente-sept avaient de 500 à 1000 lits; trente de 1000 à 1500 ; dix de 1500 à 2000 : dix de 2000 à 3000. Il y avait enfin quelques hôpitaux d'une contenance encore plus considérable : celui de Satterlee, 3519 lits, de Mower, 3326 lits, tous deux à Philadelphie, et celui du nouveau fort Monroë, hôpital général U. S., qui comptait 3570 lits.

res, de même qu'il est incontestable que les troupes de l'Union ont joui d'une heureuse immunité, en ce qui concerne les affections épidémiques qui n'avaient jamais été signalées pour les autres nations avant la guerre de la Rébellion.

CONCLUSION.

Nous terminons ici la tâche, dont nous étions chargé, de vous faire l'analyse complète, aussi succincte que possible, des plus vastes documents qui aient été publiés relativement à l'histoire médicale des armées. Tout en nous renfermant dans les limites d'un exposé rapide et sommaire, nous n'avons rien omis de ce qui nous a paru digne des méditations des économistes, des philanthropes et des médecins ; nous avons aussi cru devoir, au fur et à mesure que les faits s'offraient à notre examen, les faire suivre, avec une égale impartialité, de toutes les considérations qui en découlent et déjà déduites par les auteurs, afin d'appeler de nouveau l'attention sur les graves enseignements qu'ils fournissent pour l'avenir.

On aura pu ainsi mieux apprécier à quelles causes il fallait en grande partie rapporter les désastreux malheurs qui ont pesé sur les armées alliées en Orient, en dehors des accidents inséparables, d'ailleurs, de leurs luttes sanglantes ; et de même qu'il aura été facile de reconnaître que les pertes énormes qu'elles ont éprouvées ont été la conséquence funeste de maladies étrangères au fait même de la guerre, il deviendra saisissable, en ce qui regarde particulièrement l'armée anglaise, que l'heureux changement survenu, dès la deuxième année de la campagne, dans son état sanitaire, et qui a été tel qu'elle a joui d'une immunité complète du typhus et du scorbut, pendant que ces mêmes affections sévissaient d'une façon meurtrière dans l'armée française, que ce résultat favorable, disons-nous, doit être attribué surtout à la meilleure installation de ses campements sous le rapport hygiénique, à ses approvisionnements de toute nature, plus abondants, plus variés, à sa libérale administration, comme à l'autonomie de son corps médical, et aux réformes et améliorations que le gouvernement de la Grande-Bretagne s'est empressé d'apporter, après de cruelles épreuves, à tous les services du département de la guerre.

En poursuivant, nous avons examiné sur quelles bases les Américains avaient conçu l'organisation du service sanitaire de leurs nombreuses armées, et dit avec quelle prodigieuse activité et quel esprit pratique ils avaient tout créé (hôpitaux, approvisionnements, moyens de secours sur les champs de bataille, etc.) ; puis, nous avons fait ressortir comment les Etats-Unis, n'ayant pas à obéir à des errements traditionnels, avaient sû mettre libéralement à profit l'expérience de la guerre de Crimée, pour la meilleure appropriation possible des ressources sanitaires, en présence des conditions exceptionnelles que crée l'état de guerre, c'est-à-dire, en donnant le développement le plus large aux applications de l'hygiène et en constituant les médecins chefs absolus du service dont la responsabilité leur incombe, et que c'est à toutes ces causes réunies que l'opinion publique, comme le corps médical en Amérique, sont unanimement disposés à attribuer les heureux résultats obtenus.

Avant nous, sans doute, quelques écrivains plus éminents ont médité sur cet important sujet de l'organisation du service de santé des armées, et ce serait ici la place d'accorder un juste tribut de reconnaissance, plus particulièrement à M. Chenu, l'auteur du remarquable Rapport au Conseil de santé dont nous ne vous avons présenté qu'une bien pâle analyse. Toutefois nous avons de graves raisons de craindre que leur voix n'ait pas été entendue autant qu'elle méritait de l'être. Puissions-nous, en soumettant de nouveau dans la mesure de nos faibles forces, à l'appréciation des hommes compétents des faits qui sont de nature à ne jamais rien perdre de leur actualité, avoir fait suffisamment comprendre toute la gravité des erreurs commises pour engager résolûment à secouer les traditions d'un système impuissant, et faire entrer dans la voie si fructueusement tracée par les Anglais et les Américains.

Si l'on veut tenir compte un seul moment, du reste, de l'importance qu'ont acquise dans ces derniers temps, toutes les questions d'hygiène générale ; si l'on fait une égale attention que les horreurs et les misères de la guerre se sont encore accrues depuis peu d'années, par suite de l'emploi de nouveaux engins plus puissants, d'armes de précision d'une justesse et d'une portée plus grandes, lançant des projectiles doués d'une justesse et d'un pouvoir de pénétration plus considérables ; si l'on songe enfin que la nouvelle guerre, grâce à ces engins perfectionnés, en rendant les combats plus rapides et les lettres plus meurtières, ne met pas plus que l'ancienne à l'abri des fléaux destructeurs qui s'attachent aux fléaux des armées, et qui sont plus funestes que la mitraille, on ne pourra que s'associer aux légitimes espérances de ceux qui entrevoient la réalisation prochaine de véritables progrès dans l'organisation du service sanitaire de notre armée, car il faut, comme on l'a dit et répété avant nous, que *l'art qui guérit soit au moins à la hauteur de l'art qui détruit* : l'humanité le réclame, la vraie force des armées l'exige.

La convention de Genève (1), à laquelle ont adhéré la pres-

---

(1) *Moniteur Universel* du 23 juillet 1865.

que généralité des Etats d'Europe, a réalisé, sans doute, au
point de vue du droit des gens, un important progrès : elle
demeurera dans l'avenir comme un monument des tendances humanitaires nouvelles qui honorent notre époque.
Nous tenons également comme excellente l'œuvre d'organisation des comités de secours volontaires qui se sont formés
depuis sous cette bienfaisante impulsion, dans tous les pays
et dans les principales villes, pour l'éventualité d'une guerre ;
mais quoi de plus judicieux aussi que cette manière d'en-
visager les devoirs des gouvernements et les droits du soldat par rapport au service de santé des armées ?

« *Si l'honneur et la défense d'un Etat exigent de toutes*
« *les familles, depuis la plus noble jusqu'à la plus humble,*
« *l'éloignement et souvent le sacrifice d'un fils, d'un frère,*
« *d'un père, c'est à la condition bien positive que l'Etat*
« *remplacera la famille absente et assurera à ses défen-*
« *seurs des soins et des secours aussi prompts qu'éclairés.*
« *C'est à la condition que l'Etat s'imposera les devoirs*
« *que la famille remplirait à tout prix elle-même pour*
« *calmer les douleurs, sauver la vie ou adoucir l'agonie*
« *d'un de ses membres. Dans ce cas, l'Etat ne doit pas*
« *seulement se montrer juste, reconnaissant, généreux ; sa*
« *générosité ne doit s'arrêter qu'aux limites qui se trou-*
« *vent entre une très large économie pour l'entretien d'un*
« *personnel et d'un matériel suffisants et des dépenses*
« *qui deviendraient superflues* (1). »

C'est pourquoi, avec M. Chenu, nous pensons que c'est
surtout des réformes à introduire dans le service de santé
des armées, qu'il faut attendre l'amélioration du sort des
blessés. Si, ajoute-t-il (2), c'est par économie que les divers
gouvernements n'entretiennent pas, pendant la paix, le per-

____

(1) *Opere cit.*, page 689.
(2)   id.   page 721.

sonnel qui leur devient indispensable en temps de guerre, il y a lieu de rechercher si cette économie est bien entendue, et si la dépense qu'entraînerait un effectif suffisant ne serait pas moralement compensée et justifiée : 1° par des secours plus prompts sur le champ de bataille ; 2° par des soins plus réfléchis et moins exposés aux erreurs de diagnostique ; 3° par la possibilité de faire une part plus grande à la chirurgie conservatrice, et, quand il y aura lieu de faire de la chirurgie éliminatrice, de ne pas laisser les opérés perdre, par des retards, parfois de plusieurs jours, les avantages que présentent, dans un grand nombre de cas, les opérations immédiates sur celles qui ne sont pratiquées que secondairement

La dépense à faire, n'étant que le paiement d'une dette sacrée, que l'accomplissement d'un devoir, il n'est pas douteux qu'on pourra faire porter les économies sur d'autres services moins importants ou plus faciles à assurer en temps de guerre : c'est une question de budget qui ne doit pas rencontrer de grandes difficultés et qu'il ne nous appartient pas de discuter.

Marseille. — Imp. Arnaud, Cayer et C., rue Saint-Ferréol. 57.

APPENDICE.

———

DOCUMENTS COMPLÉMENTAIRES

DESTINÉS A L'HISTOIRE CHIRURGICALE.

DOCUMENTS COMPLÉMENTAIRES.

---

§ Ier. — Des blessures et des lésions chirurgicales
en particulier.

Sous ce titre, l'auteur se propose de faire un examen
rapide des données recueillies déjà sur les blessures et les
lésions chirurgicales en particulier, et quelques-unes de
de leurs complications, et sur les opérations qui ont dû être
pratiquées. Il nous suffira d'une simple analyse statistique
pour apprécier les résultats obtenus.

I. Blessures en particulier.

Blessures de la tête par coups de feu. — Bien que les
relevés soient encore incomplets et que les résultats paraissent devoir être modifiés par de nouvelles recherches,
les chiffres signalés n'en sont pas moins déjà très-intéres-
sants à connaître.

Le nombre des blessures de la tête s'élève à 5,406. Il
comprend :

1° Les simples contusions et les plaies du cuir chevelu
qui atteignent le chiffre de 3,942, dont 103 ont eu une terminaison funeste. Il est probable que, dans tous ces cas
malheureux, la mort a été la conséquence de quelque lésion
osseuse qui n'avait pas été appréciée, d'une nécrose consécutive ou d'une inflammation de l'encéphale ;

2° Les fractures du crâne avec perforation, pénétration

ou enfoncement, les fractures sans enfoncement et les contusions du crâne compliquées de lésions de l'encéphale. Sur 1104 cas qui ont été notés, le résultat connu pour 604 donne 505 décès et 199 guérisons. Dans 114 cas, on a seulement employé l'élévateur ou le davier, sans application du trépan, pour l'extraction de fragments d'os ou de corps étrangers ; il y a eu 61 décès et 53 guérisons. Enfin, dans 483 cas traités par l'expectation, les guérisons ont été dans les proportions de 20,5 pour 100, tandis qu'elles atteindraient le rapport de 45,5 pour 100 dans l'ensemble des cas pour lesquels des opérations auraient été tentées.

Le texte est enrichi de nombreux spécimens de pièces pathologiques conservées au Muséum médical, d'observations intéressantes de diverses sortes de lésions du crâne et d'opérations de trépan. « L'examen des documents recueillis sur les blessures de la tête par coups de feu, permet de reconnaître deux faits principaux : le premier, que, dans le traitement consécutif des plaies de tête, beaucoup de chirurgiens n'ont pas considéré la diète rigoureuse, le repos absolu et l'emploi des 'moyens antiphlogistiques comme d'importante nécessité ; le second, que, dans le traitement des fractures du crâne, la tendance générale s'est plutôt portée vers la pratique de Guthrie, qui consiste dans l'intervention active, que vers l'expectation, qui est recommandée par la majorité des auteurs de chirurgie militaire en Europe (1). »

(1) L'expérience aurait conduit, comme on le voit, nos confrères américains à réhabiliter l'emploi du trépan. Cependant la statistique de la guerre de Crimée signale pour l'armée française 2,774 blessures de tête, dont 764 morts, et pour l'armée anglaise 901 dont 180 morts. il est à remarquer que sur 740 cas de perforation ou de fracture du âne, les Français n'ont perdu que 546 blessés, ou 73,7 p. 100, tandis ue les Anglais ont traité 91 perforations et plaies pénétrantes du crâne as une seule guérison (91 morts ou 100 p. 100). (*Rapport Chenu.*) Des résultats si différents obtenus dans le traitement des plaies péné-

Blessures de la face. — De 4,167 cas inscrits, il y a 1579 fractures des os et 2,588 plaies des parties molles. Les premières ont fourni 891 guérisons, 107 décès, et le résultat reste encore à déterminer pour 581 cas (1).

La mort a été le plus souvent causée par des hémorrhagies secondaires, qui sont une complication fréquente des fractures par coup de feu des os de cette région. On a pratiqué maintes fois la ligature de la carotide, mais cette ressource n'a eu pour résultat que de retarder le dénoûment fatal.

En raison de la vascularité et de la grande vitalité des parties molles de cette région, la cicatrisation a marché généralement avec rapidité, et on a pu faire avec succès de nombreuses applications de l'autoplastie (2).

trantes du crâne n'ont pu s'expliquer que par la pratique différente suivie dans ces cas.

Les Français, en effet, depuis Desault, ne pratiquent guère le trépan que pour extraire des esquilles ou des corps étrangers, tandis que la trépanation est toujours acceptée dans la pratique anglaise, depuis Pott, Abernethy et A. Cooper. De plus, les chirurgiens anglais nourrissent leurs blessés et n'emploient les purgatifs que comme accessoires du traitement, pour prévenir l'inflammation du cerveau, et la base de la pratique française, au contraire, consiste dans la diète rigoureuse, à laquelle on ajoute même les dérivatifs intestinaux (émétique en lavage).

(1) Pour les blessures de la face, les Français en Crimée ont eu 184 morts sur 1414 cas, et les Anglais, 11 morts sur 530. Les premiers ont perdu 101 blessés sur 208, environ la moitié de ceux qui étaient atteints de fractures des os de la face ; tandis que les Anglais n'en ont perdu que 10 sur 103 blessés du même genre ou 1 sur 10 (*Chenu*).

(2) La statistique de M. Chenu comprend, à part les blessures des yeux, celles du maxillaire inférieur, que les Américains, comme les Anglais, ont comprises dans les blessures de la face. Dans l'armée française, sur 595 blessures des yeux, on compte 14 morts, 165 guérisons et 290 pensionnés pour perte d'un œil ou de la vue d'un seul organe (276), ou perte totale des yeux ou de la vue (14). — Les blessures du maxillaire inférieur sont au nombre de 455, dont 260 avec fractures qui ont causé les 122 décès inscrits.

Blessures du cou. — Sur 1329 cas signalés, il reste encore à vérifier le résultat obtenu pour 546. La mortalité a été dans la proportion de 14 pour 100 pour les cas dont les suites sont connues. En dehors de quelques exemples remarquables de plaies pénétrantes du larynx ou de la trachée-artère, les particularités relatives aux blessures du cou se lient aux considérations qui ont trait aux fractures de la colonne vertébrale et aux lésions des gros vaisseaux (1).

Blessures de la région dorsale et de la colonne vertébrale. — Cette classe comprend les fractures des vertèbres non compliquées de plaies pénétrantes de la poitrine et de l'abdomen, et les lésions des parties molles des régions recouvertes par le trapèze, le grand dorsal et les muscles fessiers. Dans 187 cas de fractures de la colonne vertébrale, on n'en compte que 7 qui ne se soient pas terminés par la mort (il n'y avait que les apophyses transverses ou épineuses d'intéressées).

Le Muséum médical renferme 66 spécimens de lésions des vertèbres et de la moelle épinière.

Les blessures de la région dorsale ont atteint le chiffre élevé de 5,195, produites généralement par des éclats de bombes ou d'obus; cette partie du corps, ajoute le rapporteur, étant naturellement la plus exposée, lorsque l'ordre était donné aux hommes de se coucher à plat ventre (2).

Blessures de la poitrine. — Sur 7,062 cas notés, il y en a 2,303 qui appartiennent à des plaies pénétrantes ou com-

----

(1) Dans l'armée française en Crimée, on a compté 460 blessures de la région cervicale, dont 155 morts (45 suites de fractures des vertèbres) ; et dans l'armée anglaise 147 blessures du cou dont 6 morts. (*Chenu.*)

(2) M. Chenu signale pour l'armée française en Orient 671 cas de blessures du dos et des vertèbres, dont 215 terminées fatalement (76 de ces dernières sont dues à des fractures des vertèbres). Dans l'armée anglaise, il y a eu 358 blessures du même genre, dont 48 morts.

pliquées de lésions des viscères thoraciques ; dans 1272 de ces dernières, la mort est survenue 930 fois, ou dans la proportion de 73 pour 100. Les 4,759 plaies n'intéressant que les parties molles n'ont fourni qu'une très-faible mortalité.

Dans le traitement des plaies pénétrantes, la saignée paraît avoir été complétement abandonnée et l'hémorrhagie a été combattue par les applications froides, le repos absolu et l'usage des opiacés. Ces moyens ont été le plus généralement appliqués, et on n'a pas cité de cas de pratique de la thoracentèse ou d'agrandissement de la plaie pour faciliter l'évacuation du sang épanché. L'hémorrhagie provenant des artères intercostales a été excessivement rare, et, dans le petit nombre d'exemples notés, elle avait été secondaire. Lorsque les côtes étaient fracturées, on faisait l'extraction des esquilles et on arrondissait les fragments osseux qui auraient pu blesser la plèvre ou les poumons. Ensuite, sauf les cas pour lesquels l'extraction des corps étrangers était praticable, et ceux qui réclamaient la thoracentèse comme indication de traitement, la guérison de ces blessures était laissée à la nature.

Les résultats obtenus par la méthode d'*occlusion* (hermetically sealing) ne sont pas de nature à encourager une telle pratique (1).

Blessures de l'abdomen. — Des 2,707 cas notés, 2,164 ne consistent que dans des plaies simples des parties molles, et 543 étaient avec pénétration dans la cavité péritonéale ou avec lésions des viscères abdominaux. Les premières ont fourni 114 décès, et, sur 543 plaies pénétrantes, le résultat est connu pour 414, dont 308 ont été suivies de décès, soit 74 pour 100, ce qui donne encore une proportion assez

(1) En Crimée l'armée française a offert 2,818 cas de blessures de la poitrine dont 866 mortelles (516 de ces dernières étaient pénétrantes). Les Anglais en ont eu 485 dont 137 suivies de mort (120 de celles-ci étaient pénétrantes).

considérable de guérisons. Le rapport en cite quelques exemples, entre autres, de fistules stercorales qui se sont fermées sans intervention opératoire. L'une de ces dernières, et des plus remarquables, est relative à un officier qui a eu l'abdomen traversé par une balle. L'observation, rapportée dans tous ses détails, est accompagnée d'une planche photographique, qui reproduit fort ingénieusement, au moyen d'une double image, le siége des deux ouvertures d'entrée et de sortie du projectile.　　•

Le Musée médical renferme 18 spécimens de blessures de l'estomac et des intestins, 10 du foie, 8 de la rate, 10 des reins, 4 de la vessie et 6 des organes génito-urinaires (1).

Fractures des os du bassin (sans pénétration de la cavité abdominale).— On en a signalé 359 cas, dont 97 avec consolidation, 77 suivis de mort. Le résultat était encore à vérifier pour 185. L'ilion seul a été lésé 256 fois, l'ischion 19 fois, le pubis 12 fois, le sacrum 32 fois, et, dans 40 cas, les lésions s'étendaient à deux ou à plusieurs portions de l'os innominé (2).

Blessures des organes génito-urinaires.— Cette catégorie comprend toutes les blessures de ces organes qui n'étaient compliquées ni de fractures des os du bassin, ni de péné-

---

(1) L'armée française en Crimée a présenté 665 cas de blessures de l'abdomen, dont 202 morts (118 dues à des plaies pénétrantes). Le rapport anglais en signale 246 cas dont 138 suivis de décès.

(2) Le rapport de M. Chenu signale 428 cas de blessures de la région sacro-lombaire, dont 98 avec fractures des vertèbres ou du sacrum; 158 ont été suivis de décès. De plus 854 blessures de la région iliaque et fessière, dont 245 morts : 147 blessés de la région inguinale (72 morts), 29 cas de blessures de la région ano-périnéale (16 morts). Les tableaux de la statistique anglaise comprennent ces genres de blessures parmi celles du dos, de la colonne vertébrale et de l'abdomen. Ils ne signalent que 29 cas de fractures du bassin (16 morts) pour la deuxième année de la campagne et 101 hernies dont 2 morts.

tration de la cavité abdominale ; il y en a 457 cas de vérifiés, dont 37 avec terminaison funeste.

Le chirurgien S. W. Gross rapporte le fait remarquable
d'un soldat atteint au côté droit du pénis d'une balle cylin-
dro-conique, qui s'est enkystée dans le corps caverneux.
Il n'est pas survenu d'accident, et le blessé s'est refusé à
toute tentative d'extraction (1).

Blessures des membres supérieurs.— Rien que pour le dernier trimestre de 1863 et les deux premiers de 1864, les
registres comprennent 21,248 cas de blessures des parties
molles seulement avec ou sans lésions des troncs vasculaires
et nerveux.

Celles accompagnées de lésions osseuses se divisent en
quatre classes ; 1° fractures de la clavicule et de l'omoplate,
sans pénétration de la cavité thoracique ; 2° fractures de la
tête de l'humérus et de chacune de ses extrémités articulaires ; 3° fractures du radius et du cubitus ; 4° fractures
des os du carpe et du métacarpe.

Le dépouillement n'est avancé que pour la deuxième
classe, qui comprend 2,408 cas de fractures de l'humérus,
dont 1253 avec guérison, et 436 décès, le résultat étant
encore indéterminé pour 719 cas. Dans les 1689 cas dont
la terminaison est connue, l'amputation ou la résection a
été pratiquée 996 fois, et la conservation du membre a été
tentée dans 693. La mortalité a été de 21 pour 100 par le
premier mode de traitement, et de 30 pour 100 avec l'autre.
Mais, comme le fait remarquer l'auteur, il serait prématuré
de tirer déjà des déductions d'une statistique dont les éléments augmentent chaque jour (2).

(1) On a noté 205 blessures de ces organes dans l'armée française
(61 décès), et seulement 60 dans l'armée anglaise (17 décès).

(2) Les tableaux statistiques de M. Chenu indiquent 10,648 blessures
aux membres supérieurs dans l'armée française ; la mort en a été la
suite, 2,178 fois (dont 1,092 après des amputations).

Les rapports anglais ne permettent pas de donner des chiffres complets
pour les blessures des membres supérieurs.

Blessures des membres inférieurs. — De 30,014 cas qui ont été classés, il y en a 4,862 avec fractures des os, et 25,152 n'intéressant que les parties molles.

Pour les fractures, on a établi deux registres : dans l'un, tous les cas sont notés ; dans l'autre, on a seulement relaté tous ceux dont l'observation avait été soigneusement recueillie, et pour lesquels le siége et l'étendue de la lésion se trouvaient être clairement indiqués. Ce dernier registre renferme déjà 1823 cas, un tiers environ du nombre total.

Les blessures du genou, avec ou sans fracture de la rotule et des condyles du fémur ou du tibia, ont été classées de la même manière ; leur nombre s'élève actuellement à 1183.

Sur 1823 cas de fractures du fémur, le résultat est déterminé pour 1233, et, sur 1183 cas de blessures du genou, il est connu dans 740.

Voici, résumés sous la forme d'un tableau, selon le mode de traitement employé (amputation, résection, conservation), les résultats obtenus jusqu'ici pour 2,003 cas (dont 1233 fractures du fémur, et 770 blessures du genou), sur un total de 3,106 qui sont enregistrés jusqu'à présent. On peut ainsi, d'un simple coup d'œil, se former une idée de la valeur de ces recherches sous le rapport des importantes questions de chirurgie qui s'y rattachent :

DÉSIGNATION.	RÉSULTATS connus.	AMPUTATION.				RÉSECTION.				CONSERVATION.				TOTAL GÉNÉRAL.
		Guéris.	Morts.	Indéter-minés.	Mortalité pour 100.	Guéris.	Morts.	Indéter-minés.	Mortalité pour 100.	Guéris.	Morts.	Indéter-minés.	Mortalité pour 100.	
Fractures du fémur par coups de feu — intéressant l'articulation de la hanche	82	0	2	0	100,	2	10	1	83.3	0	68	14	100,	97
du 1/3 supérieur..	387	8	24	11	75,	7	18	6	72,	93	237	199	71,8	603
du 1/3 moyen.. . .	346	42	51	47	54,8	2	13	10	86,6	106	132	148	55,4	551
du 1/3 inférieur. .	418	131	112	117	47,	1	1	0	50,	72	101	137	57,7	672
Blessures du genou avec ou sans fracture. . . .	770	121	331	266	72,2	1	9	1	90,	50	258	146	83,7	1183
Total.	2003	302	520	441	63,2	13	51	18	79,6	321	796	644	71,2	3106

En examinant ce tableau en détail, on voit que les résultats sont connus pour 822 cas des 1263 traités par l'amputation, ou 65 pour 100 ; pour 64 des 82 cas traités par la résection, ou 78 pour 100, et pour 1117 des 1761 cas traités par les moyens de conservation, ou 63 pour 100.

Dans les fractures s'étendant à l'articulation de la hanche, la résection seule a réussi deux fois.

Dans les fractures du tiers supérieur, la mortalité a été plus grande dans les cas traités par l'amputation (sur les 43 amputations, on a pratiqué 19 fois la désarticulation de la hanche) ; la résection des extrémités osseuses a donné 7 guérisons, et les moyens de conservation 93.

Dans les fractures du tiers moyen, la résection a été la moins favorable, et l'amputation n'a pas offert plus d'avantages que la conservation ; pour les fractures du tiers inférieur, les tentatives de conservation et l'amputation diffèrent peu dans leurs résultats.

Enfin, dans les fractures intéressant l'articulation du genou, la mortalité est moins grande par l'amputation que par les autres moyens ; bien qu'elle paraisse élevée (73 pour 100 des cas déterminés), il est probable que la suite du dépouillement en modifiera les résultats dans une proportion plus avantageuse.

La vérification et l'enregistrement des fractures du tibia et du péroné ne sont point encore très-avancés. Sur 1056 cas signalés, 696 à terminaison connue, ont donné 169 décès, soit 24 pour 100.

La même observation est applicable aux fractures des os du tarse et du métatarse. Il n'y a encore que 629 cas d'enregistrés.

Le Musée médical renferme 1984 spécimens de lésions variées des os des extrémités inférieures, suites de coups de feu. Le texte du rapport en reproduit de très-remarquables (1).

____

(1) M. Chenu signale 11,873 cas de blessures des extrémités infé-

Plaies des artères. — Sur un total de 36,508 blessures par armes à feu, on a signalé seulement 27 cas de plaies de ce genre. Cela tient à ce qu'elles ont été comprises dans d'autres catégories de blessures. Les cas dans lesquels la lésion d'un gros vaisseau primitivement ouvert a constitué le principal accident, sont au nombre de 44, dont 20 suivis de mort (1).

Coups de sabre et de baïonnette. — Le nombre de ces blessures a été comparativement peu considérable. On a noté 105 cas des premières, dont 11 décès, et 143 des secondes avec 6 décès.

Fractures simples et blessures diverses. — On en a signalé déjà un grand nombre de cas, mais le relevé est encore incomplet. Pour les deux premières années de la guerre, les rapports mensuels donnent 2,864 cas de fractures simples dont 92 ont causé la mort.

II. Lésions ou complications chirurgicales.

Tétanos (2). — Le chiffre de 363 représentant le nombre de cas de cette grave complication des blessures de guerre, est relativement peu élevé, quand on a égard au chiffre considérable des blessés. Ces 363 cas ont fourni 336 décès et 27 guérisons; 23 de ces dernières ont affecté une marche lente, et, dans 4 autres, les symptômes très-graves au début se sont amendés deux fois sous l'influence des opiacés et

rieures pour l'armée française en Crimée ; la terminaison a été fatale 4,337 fois (1266 après des amputations). Nous aurons à y revenir plus loin.

(1) Les tableaux nos 48 et 49 de l'armée anglaise signalent seulement 13 cas de lésions artérielles dont 9 suivis de mort.

(2) Le tableau n° 74 du rapport anglais indique 23 cas de tétanos (21 morts et 2 guérisons).

des stimulants, deux fois à la suite de l'amputation du membre blessé.

Généralement, le traitement a consisté dans l'usage des opiacés, auxquels on associait les stimulants et une nourriture substantielle. Très-souvent on a eu recours aux inhalations de chloroforme dans les paroxysmes. On a aussi fréquemment employé les injections sous-cutanées de sels de morphine et d'atropine. On a administré, en outre, les cathartiques, la quinine, le camphre, le haschich, le bromure de potassium, la strychnine, la belladone et l'aconit. Des applications de ventouses, de vésicatoires, de lotions térébenthinées, de glace, ont été faites le long de la colonne vertébrale ; des fomentations d'opium ou de tabac autour de la blessure ; l'amputation, la section des nerfs, la résection de névrômes dans les moignons, sont autant de moyens auxquels on a eu successivement recours. Les résultats obtenus n'ont pas modifié l'opinion émise par Romberg, que « toutes les fois que le tétanos prend la forme aiguë, aucun moyen curatif ne réussit, tandis que s'il affecte une forme plus lente, les remèdes les plus variés sont suivis de guérison ». On n'a pas reconnu de propriété curative à la nicotine, à la fève de Calabar, ni au curare.

L'autopsie, qui a été maintes fois pratiquée, n'a donné que des résultats négatifs.

Hémorrhagie consécutive. — Les relevés sur cet important sujet sont encore très-incomplets. Il reste 1450 rapports à examiner à ce point de vue. Les cas de ce genre ont été divisés en trois classes, selon que l'hémorrhagie provenait d'un moignon, d'une plaie par arme à feu ou d'une artère liée précédemment. Nous reviendrons à ces dernières, qui sont au nombre de 138 sur 1037 cas examinés, à propos des ligatures artérielles.

Les deux premières classes comprennent 387 cas d'hémorrhagie secondaire provenant d'un moignon, et 650 provenant d'une plaie par armes à feu. Les premières ont fourni

233 décès ou 60 pour 100, et les seconds 330 décès ou 51 pour 100.

Il paraît qu'au commencement de la guerre beaucoup de chirurgiens, qui n'étaient pas suffisamment pénétrés des préceptes de Belloc, de Guthrie, ont fréquemment traité les hémorrhagies consécutives des plaies d'armes à feu en pratiquant la ligature du tronc principal de l'artère loin de la blessure; mais, plus tard, on adopta généralement la méthode qui consiste à lier les deux bouts du vaisseau lésé dans la plaie elle-même, et plusieurs fois même cette opération a été pratiquée d'une manière brillante sur les artères poplitée et tibiale postérieure dans des conditions d'une extrême difficulté, alors que le membre était infiltré et très-tuméfié.

Pyémie.—281 rapports ont déjà été examinés sur ce sujet, et il en reste 251 à analyser. Sur 754 cas vérifiés, la mort en a été la terminaison 719 fois, soit 95,35 pour 100, et les lésions cadavériques en sont notées. La pyémie est survenue dans 377 cas de blessures avant toute opération, et dans 295 après l'amputation (dont 155 pratiquées dans la continuité du fémur). Elle a été la conséquence de la résection pratiquée sur la diaphyse des os longs (27 fois), et sur les extrémités articulaires (28 fois).

Ces chiffres ne donnent pas une idée juste de l'extrême fréquence de l'infection purulente; car cette complication a été la cause d'une très-grande mortalité après les amputations, et c'est par milliers que doivent être comptées ses victimes. Ce qu'on peut seulement conclure des rapports actuellement dépouillés, c'est que les résultats ne sont pas favorables à l'emploi des sulfites et des hyposulfites.

§ II. — Opérations chirurgicales.

Toutes les particularités relatives aux opérations chirurgicales pratiquées pendant la campagne sont consignées
sur un registre qui renferme pour chaque cas les indications
suivantes : noms et conditions du blessé, nature et date de
la blessure, détails de l'opération sur la méthode employée
et les modifications du procédé réclamées par chaque cas
particulier, renseignements sur les lésions locales qui ont
nécessité l'opération, lésions cadavériques quand l'autopsie
est devenue la conséquence d'une terminaison fatale ; enfin
indication du numéro d'ordre de la pièce pathologique
déposée au Muséum médical.

Les données de la statistique se trouvent ainsi complétées
de considérations sommaires, suffisantes pour permettre
d'apprécier que nos confrères américains n'ont pas négligé
de faire une judicieuse application de tous les enseignements de la science moderne.

I. Amputations. — Les recherches ont été faites pour
13,397 amputations, et le résultat est déterminé pour 9,705.
Le tableau ci-après, qui en donne l'énumération pour
chaque région, démontre en même temps que la mortalité
augmente régulièrement à mesure que l'on se rapproche du
tronc.

Amputations des doigts et partielles de la main. — Les
cas enregistrés ne forment qu'une très-petite proportion du
nombre total de ceux qui sont signalés dans les rapports.
La mortalité a été relativement assez élevée, 29 sur 1807 ;
elle a été causée par la pyémie (4 fois) par l'érysipèle
(4 fois), par la gangrène (2 fois) et par le tétanos (1 fois) ;

et dans 18 autres cas par des maladies intercurrentes, telles
que la fièvre typhoïde, la pleurésie, etc. (1).

DÉSIGNATION.	GUÉRIS.	MORTS.	TOTAL.	MORTA-LITÉ pour 100.
Amputations des membres supérieurs				
Des doigts. — Partielles de la main. .	1,778	29	1,807	1,60
Du poignet..	34	2	36	5,55
Du coude.	19	0	19	»
De l'avant-bras.	500	99	599	16,52
Du bras..	1,535	414	1,949	21,24
De l'épaule.	144	93	237	39,24
Total.	4,010	637	4,647	13,70
Amputations des membres inférieurs.				
Des orteils.	784	6	790	75
Partielles du pied..	108	11	119	9,24
De l'articulation tibio-tarsienne. . . .	58	9	67	13,43
De la jambe.	1,737	611	2,348	26,02
Du genou.	52	64	116	55,17
De la cuisse.	568	1,029	1,597	64,43
De la hanche.	3	18	21	85,71
Total.	3,310	1,748	5,058	34,55
TOTAL GÉNÉRAL. . . .	7,320	2,385	9,705	24,57

Désarticulation du poignet. — Cette opération a été pratiquée de préférence à l'amputation de l'avant-bras, dans les
cas de mutilation complète de la main. Les résultats obtenus
ont été très-satisfaisants, puisque la mortalité a été inférieure de 10 pour 100 à celle qui a suivi l'amputation de
l'avant-bras (2).

(1) M. Chenu porte à 720, dont 92 morts, le nombre des amputations
des doigts (652) et des métacarpiens (68), pour l'armée française en
Crimée : 14 désarticulations des doigts ou des phalanges ont été pratiquées à la suite de congélations.

Dans l'armée anglaise on compte 221 amputations de ce genre, dont
2 morts seulement.

(2) Dans l'armée française, 68 désarticulations du poignet, dont 27
morts ; dans l'armée anglaise, 4 dont 1 mort.

Amputation de l'avant-bras. — A l'exception des cas dans lesquels le poignet ou l'extrémité inférieure du radius avait été broyée par un gros projectile, cette opération a été habituellement faite secondairement. Sur 599 opérations, on compte 500 guérisons. 397 opérés ont été pourvus de membres artificiels (1).

Désarticulation du coude. — Les rapports corroborent les conclusions de Dupuytren, de Malgaigne et de M. Legouest, qui ont combattu la défaveur attachée à cette opération. Elle a été pratiquée peu souvent dans la dernière guerre, 19 fois seulement ; mais pour tous ces cas, le résultat vérifié a été constamment favorable. Les succès obtenus par M. Salleron et par quelques autres chirurgiens militaires français en Crimée sont bien connus (2). En définitive, lorsqu'il est impossible d'amputer l'avant-bras, la désarticulation du coude doit être préférée à l'amputation du bras : c'est la méthode ovalaire qui répond le mieux dans cette région au but que l'on se propose (3).

Amputation du bras. — Sur 2,774 cas d'amputation du bras enregistrés, le résultat a été vérifié pour 1949. De ce dernier nombre, 1535 opérés ont guéri et 1014 ont reçu des bras artificiels (4).

Désarticulation de l'épaule. — Il est glorieux pour la chirurgie d'armée de constater que le nombre des cas signalés de cette opération est inférieur à celui des résections de la tête de l'humérus, et que cette dernière opéra-

(1) Dans l'armée française, 387 amputations de l'avant-bras, dont 155 morts, et dans l'armée anglaise 63, dont 3 morts.

(2) Dans l'armée française, 79 désarticulations du coude, dont 52 morts ; dans le rapport anglais il n'en est pas question.

(3) Voyez *Archives de médecine navale*, t. 6, p. 42, une excellente leçon de clinique de M. J. Roux, *sur la désarticulation du coude.*

(4) Dans l'armée française, 1473 amputations du bras, dont 654 morts et dans l'armée anglaise 144, dont 30 morts.

tion paraît avoir été adoptée presque généralement dans tous les cas où elle était possible. Ainsi la désarticulation a été pratiquée 458 fois, la résection 575. La proportion de la mortalité pour la première de ces deux opérations a été de 6,7 pour 100 plus élevée que pour la seconde (1).

Amputations des orteils. — Dans 790 cas vérifiés, 6 ont eu une terminaison funeste (1 par tétanos, 1 par érysipèle phlegmoneux de la jambe, et 4 par des accidents étrangers à l'opération) (2).

Amputations partielles du pied. — De 160 cas signalés, 119 résultats ont été vérifiés. L'amputation tarso-métatarsienne de Key, ou de Lisfranc, a été pratiquée 25 fois ; la médio-tarsienne de Chopart 45 fois. Les autres cas se rapportent à des ablations d'orteils et d'un ou plusieurs métatarsiens (3).

Amputations de l'articulation tibio-tarsienne. — Le dépouillement à ce sujet n'est point encore complet. D'après les vérifications, le procédé de Syme a été pratiqué dans 25 cas, le procédé de J. Roux dans 2 cas, celui de Pirogoff dans 9 cas. Un certain nombre de moules en plâtre et de photographies représentant des moignons arrondis obtenus par ce dernier procédé, ont été déposés au Muséum médical. Toutefois cette opération ne paraît pas jouir d'une grande faveur. Le baron Von Horronitz, chirurgien en chef de la marine russe, dans sa récente visite, a fait observer que Pirogoff avait abandonné lui-même son procédé, comme

---

(1) Dans l'armée française, la désarticulation scapulo-humérale a été pratiquée 224 fois, dont 137 suivis de mort, et dans l'armée anglaise 45 fois, dont 17 morts.

(2) Dans l'armée française, on a pratiqué 622 amputations d'orteils (32 morts) et dans l'armée anglaise, 8 opérés, 8 guérisons.

(3) Dans l'armée française, 114 amputations partielles du pied, dont 73 morts; dans l'armée anglaise 13, dont 1 mort.

exposant trop à la nécrose du fragment du calcanéum laissé dans le lambeau (1).

Amputations de la jambe. — Sur 3,302 cas signalés, les résultats sont vérifiés pour 2,348 ; la mortalité a été de 26 pour 100. L'amputation sus-malléolaire (par le procédé Lenoir) n'a pas été pratiquée très-souvent, mais elle a été suivie des résultats les plus favorables et d'une faible mortalité. On a généralement appliqué la méthode circulaire au lieu dit d'élection. Le procédé de Larrey, dans l'épaisseur même des condyles du tibia, n'a été exécuté que rarement, et néanmoins, en examinant les pièces pathologiques du Muséum médical, on acquiert la conviction qu'une telle opération aurait pu, dans nombre de cas, être pratiquée de préférence à la désarticulation du genou, ou à l'amputation de la cuisse au tiers inférieur. Sur 1737 amputés de la jambe qui ont guéri, 1057 ont été pourvus de jambes artificielles (2).

Désarticulations du genou. — Cette opération a eu de nombreux partisans pendant la campagne, et a été pratiquée très-souvent. Le dépouillement des rapports, jusqu'au 1er octobre 1864, donne 132 cas de cette désarticulation, dont 52 guérisons et 64 décès. Ces encourageants résultats le deviennent encore davantage si l'on ne considère que les opérations primitives. En effet, elles ont fourni 31 guérisons et 16 décès, plus deux cas dans lesquels on a été obligé de réamputer à un point plus élevé et dont 1 a guéri et l'autre est mort (sujet tuberculeux). Il ressort de là que la mortalité suite de désarticulations *primitives* du genou n'a été que de 34,9 pour 100, proportion moins élevée que celle

(1) Dans l'armée française, 69 désarticulations tibio-tarsiennes dont 53 morts ; dans l'armée anglaise 12, dont 2 morts.

(2) Dans l'armée française, 1306 amputations de la jambe dont 938 morts ; dans l'armée anglaise 109, dont 37 morts.

fournie par les amputations primitives de la cuisse à son tiers inférieur ; ce qui prouve, avec les statistiques de la guerre de Crimée et de Malgaigne pour les hôpitaux de Paris, que la mortalité augmente proportionnellement à mesure que l'amputation se rapproche du tronc.

Quant à l'objection faite à la désarticulation du genou, de fournir un moignon qui se prête difficilement à l'usage d'un membre artificiel, les fabricants américains déclarent formellement qu'elle donne au contraire un moignon bien préférable, comme base de sustentation, à celui que l'on obtient par l'amputation de la cuisse.

M. Legouest, ajoute le rapporteur, s'est montré l'adversaire déclaré de cette opération, qu'il considère comme devant être rejetée de la pratique, d'après les résultats obtenus en Crimée ; mais la plus grande expérience de la dernière guerre américaine doit conduire les chirurgiens à partager de préférence les convictions de Macleod, de Baudens et de Malgaigne, qui déclarent cette opération comme plus avantageuse que l'amputation de la cuisse dans la continuité à son tiers inférieur (1).

Amputations de la cuisse. — Sur 1597 cas vérifiés, il y a eu 568 guérisons et 1029 décès ou 64,43 pour 100. Cette proportion est un peu inférieure à celle qui résulte de la statistique anglaise pour la dernière année de la campagne de Crimée. Dans l'armée française, le nombre des amputations de cuisse a été de 1666, dont 1531 décès, ou 91,89 pour 100.

Sur les 1597 amputations, l'époque de l'opération est connue exactement pour 1061 ; 423 primitives, et 638 intermédiaires ou consécutives. La mortalité a été de 54,13 pour les premières et de 74,76 pour les dernières. Parmi

______

(1) Dans l'armée française, 70 désarticulations fémoro-tibiales, dont 63 morts : dans l'armée anglaise 7, dont 4 morts.

les 568 opérés guéris, 254 ont reçu des membres artificiels (1).

Désarticulation de la hanche. — Au commencement de la guerre, la terminaison constamment fatale, qui avait été remarquée en Crimée à la suite de cette opération, impressionnait tellement l'esprit des chirurgiens que beaucoup furent d'avis qu'on devait la mettre entièrement de côté ; cependant elle a été pratiquée dans quelques circonstances, et il n'est pas douteux que plusieurs existences lui doivent d'avoir été conservées.

Le nombre total de désarticulations de la hanche, mentionnées dans les rapports, est de 23 : 9 primitives et 14 consécutives ; il y a eu 5 guérisons (2 après l'opération primitive, et 3 après la désarticulation consécutive).

Le rapport présente ensuite, sous forme de tableau, toutes les désarticulations coxo-fémorales qui ont été pratiquées dans les guerres antérieures en Europe. Elles sont au nombre de 103 dont 11 guérisons et 92 décès.

Il nous semble, ajoute l'auteur, que la désarticulation de la hanche n'est praticable que dans les trois conditions suivantes : 1° lorsque la presque totalité de la cuisse est enlevée par un gros projectile ; 3° lorsque l'ostéo-myélite a envahi le fémur en entier ; 3° peut-être lorsqu'il y a à la fois lésion des gros troncs vasculaires de la cuisse et fracture comminutive de l'extrémité supérieure du fémur. Les faits observés par M. J. Roux à la suite de la guerre d'Italie semblent démontrer d'une façon très-concluante que la désarticulation consécutive est beaucoup moins dangereuse que la primitive (2).

(1) Dans l'armée française, 1681 amputations de la cuisse, dont 1545 morts ; dans l'armée anglaise il y a eu 181 amputés de la cuisse, et 113 sont morts.

(2) Pour l'armée française et les prisonniers russes, M. Chenu a signalé 20 désarticulations coxo-fémorales, toutes suivies de mort. Pour l'armée anglaise, 9 opérés, 9 morts.

II. Résections. — Ces opérations ont été pratiquées sur une large échelle pendant la guerre américaine, et les données qu'elles fournissent sont de la plus haute importance.

Résections du poignet. — Les 37 cas mentionnés sont relatifs aux résections partielles : dans 27 cas, on a extrait les extrémités articulaires soit du radius ou du cubitus, ou même de ces deux os, et quelquefois des fragments des os brisés de la première rangée du carpe. Dans 8 cas, la presque totalité des os du carpe a été enlevée. On a noté 26 guérisons. Mais les résultats ne sont point favorables au point de vue de la mobilité de la main conservée.

Résections du coude (1). — Pour 315 cas signalés, le résultat est connu dans 286. L'amputation ultérieure du bras a été nécessaire 16 fois ; 62 cas ont été suivis de mort, ce qui fait une mortalité de 21,67 pour 100, un peu plus élevée que celle qui est la conséquence de l'amputation du bras.

Ces résultats, tout différents de ceux obtenus en Crimée et pendant la guerre du Schleswig-Holstein, pourront être modifiés par des recherches ultérieures. Peut-être, d'ailleurs, cette mortalité considérable doit-elle être rapportée en partie à cette particularité, que dans le nombre des cas signalés appartenant à la première période de la guerre, il y a une proportion plus forte de résections partielles qui sont beaucoup plus graves que la résection complète des extrémités articulaires.

Résections de la tête de l'humérus (2). — Ce sont les résultats de cette opération qui ont en général été les plus satisfaisants. Les voici consignés dans une sorte de tableau :

(1) Armée anglaise, 17 résections du coude dont 3 morts.

(2) Armée française : 42 résections de la tête de l'humérus, dont 24 morts.

Armée anglaise : 14 résections de la tête de l'humérus, dont 2 morts.

	GUÉRIS.	MORTS.	RÉSUL-TATS inconnus.	TOTAL.	MORTA-LITÉ pour 100.
Résections primitives. . .	160	50	42	252	23,7
Idem. . . consécutives. . .	183	115	25	323	37,5
Totaux.	343	165	67	575	32,48

La mortalité étant en moyenne de 32,48 pour 100 dans les résections primitives ou consécutives, et de 39,24 pour 100 dans la désarticulation de l'épaule, c'est une différence de 6,76 en faveur de la résection. Enfin sur 36 cas de fractures de la tête humérale, dans lesquels on a fait des tentatives de conservation par la méthode expectante, sans opération, il y a eu 16 décès, soit 44,4 pour 100 ; ce qui donne encore une différence de 11,96 pour 100 en faveur de la résection.

Dans 29 cas, qui n'ont fourni que 4 décès, la résection a été étendue à des fragments de la clavicule, de l'acromion, de l'apophyse coracoïde ou de la cavité glénoïde de l'omoplate. Lorsque la fracture intéressait la diaphyse de l'humérus, contrairement au précepte d'interdiction formulé par Guthrie, les chirurgiens américains ont enlevé jusqu'à 5 ou 6 pouces de l'extrémité du corps de l'humérus avec la tête, et cette pratique a donné de très-bons résultats (1).

Résections dans l'articulation tibio-tarsienne (2). — Dans la plupart des cas, l'opération n'a consisté que dans l'extraction de quelques fragments mobiles des os du tarse ; 8 seulement sur les 22 cas signalés sont de véritables résections de l'articulation tibio-tarsienne. Les 18 cas vérifiés ont fourni 12 guérisons et 6 décès, dont 5 à la suite de ré-

(1) Voyez *Recueil des mémoires de médecine militaire*, 3e série, t. 17, l'observation que nous avons donnée d'un cas remarquable de résection de l'épaule.

(2) Armée anglaise : 2 résections du calcanéum et d'une partie de l'astragale suivies de guérison.

sections complètes pratiquées consécutivement pour des blessures pénétrantes de l'articulation compliquées de fractures comminutives.

Il ressort de tous ces résultats que l'emploi judicieux de la gouge et du davier est indiqué dans les blessures de l'articulation tibio-tarsienne, mais que la résection complète est rarement suivie de succès.

Résections du genou (1). — Avant la guerre d'Amérique, on ne connaissait que 7 exemples bien avérés de résection du genou pratiquée pour des plaies pénétrantes de l'articulation du genou par coup de feu, ceux de Textor (1847), de Fahle et Stromeyer (1851), de Lakin (1855), d'Alumbauch (1857), de Londres (1861), de Birmingham (1861) et de Verneuil (1862). Les deux derniers seuls ont été suivis de guérison (2).

Les chirurgiens modernes se sont efforcés bravement d'échapper à la déplorable nécessité qui avait conduit à établir l'impérieuse obligation d'amputer la cuisse dans toute fracture par coup de feu pénétrant l'articulation du genou, et d'éminentes autorités, telles que M. Legouest et Macleod, sont d'avis que la résection pourrait être substituée à l'amputation dans les cas où la lésion des condyles n'est pas considérable, lorsque le blessé est robuste, et quand on peut disposer de moyens hygiéniques et de ressources chirurgicales essentielles pour le traitement ultérieur. Malheureusement, en campagne, toutes ces conditions se trouvent rarement réunies.

L'auteur rapporte ensuite l'observation détaillée de 11 résections complètes de l'articulation du genou opérées presque toutes primitivement pendant la dernière guerre.

(1) Armée anglaise : 1 résection du genou suivie de mort.

(2) Depuis, M. Verneuil a obtenu un second succès. (Voyez, pour les indications de cette opération, la savante discussion qui a eu lieu à la Société impériale de chirurgie, le discours entre autres de M. le baron H. Larrey, dans la séance du 11 mai 1864.)

Sur ces 11 opérations, on compte 2 guérisons, et encore l'une de celles-ci est tellement extraordinaire, qu'on peut avoir quelque doute sur son authenticité.

Les résections partielles du genou n'ont pas été en général plus heureuses que les résections totales des extrémités articulaires.

Résections de la tête du fémur (1). — Avant la dernière guerre, les auteurs ne signalaient que 12 cas de résection de la tête du fémur, dont un seul suivi de guérison (celui du chirurgien anglais O'Leary, en Crimée). Mais l'expérience ayant démontré la terminaison constamment funeste des fractures de la tête et du col du fémur par coup de feu, quand elles sont abandonnées aux seules ressources de la nature, et l'excessive mortalité de la désarticulation de la hanche pour les mêmes blessures, les plus hautes autorités de la chirurgie militaire ont été unanimement d'avis qu'il faut dans des conditions convenables pratiquer la résection de la tête du fémur, jusqu'à ce que, comme le baron H. Larrey l'a exprimé, l'expérience de l'avenir ait fourni des résultats plus encourageants que l'expérience du passé (2).

L'auteur détaille ensuite sous la forme d'un tableau, véritable modèle du genre pour enregistrer tous les cas d'opérations chirurgicales, les 32 cas de résections de la tête du fémur pratiquées pendant la guerre. Sur ces 32 opérés, 4 ont guéri et 27 ont succombé.

Le résultat est inconnu pour un cas.

Résections dans la continuité des os longs des membres (3). — Les grands chirurgiens, qui ont le plus fait pour sub-

---

(1) Armée anglaise : 6 résections de la tête du fémur (5 morts).

(2) H. Larrey, Discussion sur la résection de la hanche (*Discours prononcé à l'Académie de médecine, dans la séance du 12 novembre* 1861.)

(3) Dans l'armée française on a pratiqué 4 fois la résection du corps

autres résections non comprises dans les classes précédentes :

Os de la face, 37 cas, dont 23 guérisons et 3 décès et 11 résultats inconnus ;

Os du tronc, 27 cas, dont 15 guérisons, 7 décès et 7 résultats non connus ;

Os du crâne (opérations du trépan), 121 cas, dont 47 guérisons, 60 décès et 14 résultats indéterminés ;

Os du crâne (extractions de fragments osseux), 133 cas, dont 53 guérisons, 61 morts et 19 cas à résultat non connu.

III. Ligatures d'artères. — Les opérations de ligatures sur de grosses artères ont été fréquemment pratiquées en général par des hémorrhagies secondaires. Leur nombre s'élevait, jusqu'au mois de mars 1864, à 403, dont 163 guérisons et 240 suivies de mort.

L'iliaque primitive a été liée 3 fois sans succès ; l'iliaque interne 2 fois, également sans succès ; l'iliaque externe, 16 fois, dont 14 morts, 2 guérisons.

La carotide primitive, 49 fois (37 morts, 12 guérisons) ; la carotide externe, 2 fois (2 morts) ; la sous-clavière, 35 fois (28 morts, 7 guérisons) ; l'axillaire, 24 fois (21 morts) ; la fémorale, 108 fois (83 morts) ; la poplitée, 16 fois (12 morts) ; etc., etc.

Les nouveaux procédés hémostatiques (acupressure) du professeur Simpson ont été employés quelquefois avec des résultats favorables.

IV. Autres opérations chirurgicales. — Il existe, en outre, quatre registres supplémentaires pour les opérations. Dans l'un, sont relatés 290 cas de fractures par coups de feu, ayant nécessité l'extraction d'esquilles primaires ou complétement détachées. Un deuxième renferme 436 observations de blessures ayant réclamé l'extraction de projectiles ou d'autres corps étrangers. Un troisième registre d'opérations nécessitées pour des affections chirurgicales comprend

443 cas du plus grand intérêt, parmi lesquels 15 cas d'opération de trachéotomie ou de laryngotomie, dont 6 ont été suivis de guérison.

Enfin le quatrième, destiné aux opérations qui ne sont pas comprises dans les catégories précédentes, renferme 23 observations de plaies pénétrantes des grandes articulations traitées par de larges incisions ou des opérations pratiquées pour des fractures non consolidées.

En résumé, bien que les données recueillies soient loin encore d'être complètes, et que les résultats qui ressortent des vérifications effectuées aient besoin d'être confirmés par de nouvelles recherches, tout ce qui a trait, dans le rapport, aux opérations chirurgicales n'en est pas moins d'une importance capitale, pour aider à la solution des questions litigieuses de la chirurgie d'armée. Le grand nombre de résections osseuses pratiquées par nos confrères américains témoigne de leur part une tendance très-prononcée vers cette branche de chirurgie conservatrice, et la simple analyse sommaire que nous avons faite de ces documents suffit pour démontrer combien ils sont familiers avec les progrès les plus récents de la science, et comment ils ont su mettre largement à profit le vaste champ d'expérimentation que la guerre leur offrait pour la première fois.

FIN.

TABLE DES MATIÈRES.

FIN DE LA TABLE.

Imprimerie de COSSE et J. DUMAINE, rue Christine, 2.

PLANS DES HOPITAUX AMÉRICAINS

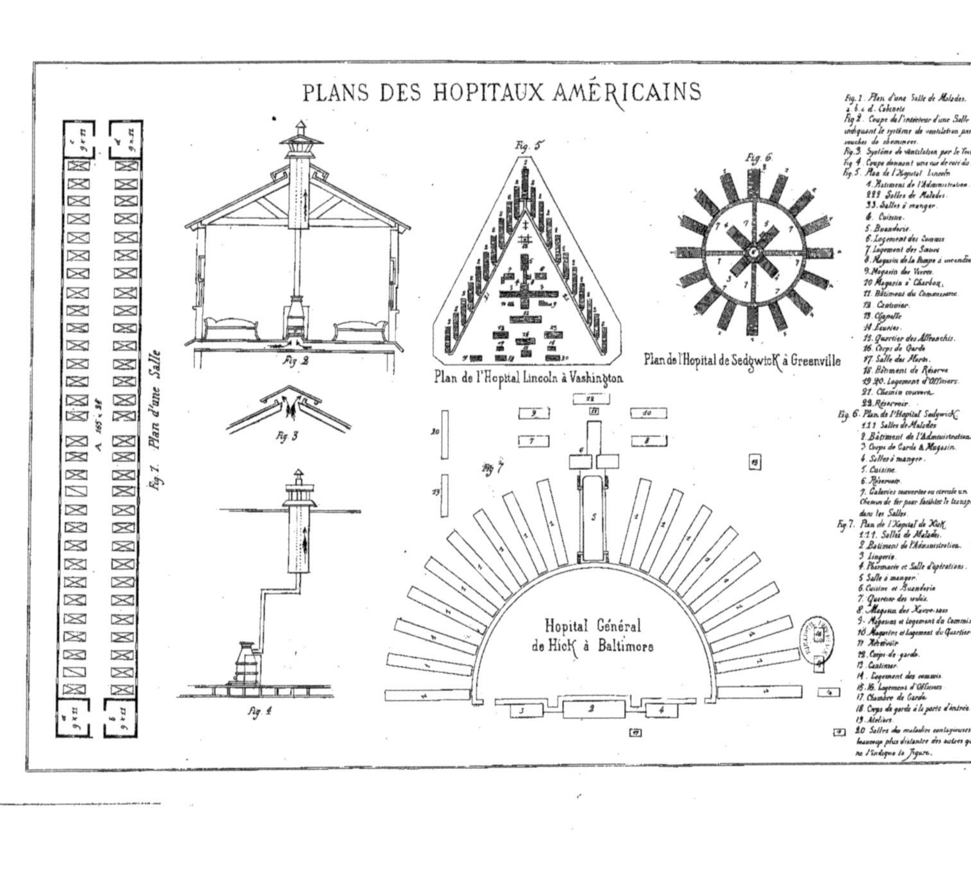

Fig. 1. Plan d'une Salle de Malades.
a. b. c. d. Cabinets
Fig. 2. Coupe de l'intérieur d'une Salle indiquant le système de ventilation par des souches de cheminées.
Fig. 3. Système de ventilation par le Toit.
Fig. 4. Coupe donnant une vue de côté du 1er Syst.
Fig. 5. Plan de l'Hopital Lincoln
  1. Bâtiment de l'Administration.
  2.2.2. Salles de Malades.
  3.3. Salles à manger.
  4. Cuisine.
  5. Buanderie.
  6. Logement des Commis.
  7. Logement des Sœurs.
  8. Magasin de la Pompe à incendie.
  9. Magasin des Vivres.
  10. Magasin à Charbon.
  11. Bâtiment du Commissaire.
  12. Cantinier.
  13. Chapelle.
  14. Ecuries.
  15. Quartier des Affranchis.
  16. Corps de Garde.
  17. Salle des Morts.
  18. Bâtiment de Réserve.
  19. 20. Logement d'Officiers.
  21. Chemin couvert.
  22. Réservoir.
Fig. 6. Plan de l'Hopital Sedgwick.
  1.1.1. Salles de Malades.
  2. Bâtiment de l'Administration.
  3. Corps de Garde & Magasin.
  4. Salles à manger.
  5. Cuisine.
  6. Réservoir.
  7. Galeries couvertes où circule un Chemin de fer pour faciliter le transport dans les Salles.
Fig. 7. Plan de l'Hopital de Hick.
  1.1.1. Salles de Malades.
  2. Bâtiment de l'Administration.
  3. Lingerie.
  4. Pharmacie et Salle d'opérations.
  5. Salle à manger.
  6. Cuisine et Buanderie.
  7. Quartier des voleurs.
  8. Magasin des Hors-sacs.
  9. Magasins et Logement du Commissaire.
  10. Magasins et Logement du Quartier-maître.
  11. Réservoir.
  12. Corps de garde.
  13. Cantinier.
  14. Logement des commis.
  15. 16. Logement d'Officiers.
  17. Chambre de Garde.
  18. Corps de garde à la porte d'entrée.
  19. Ateliers.
  20. Salles des maladies contagieuses beaucoup plus distantes des autres que ne l'indique la figure.

www.ingramcontent.com/pod-product-compliance
Ingram Content Group UK Ltd.
Pitfield, Milton Keynes, MK11 3LW, UK
UKHW021115220726
13924UKWH00004B/1734